JN418505

한국인을 위한

불가리아어문법

김원회 · Иван Г. Илиев 공저

한국외국어대학교 출판부

불가리아 소피아에 있는 대통령궁의 모습과 근위병들

국립도서관과 슬라브문자를 창제한 끼릴 - 메토디 형제 동상

소피아대학교 본관 건물

불가리아 소피아의 문화궁전. 다채로운 문화행사가 열리는 공간이다.

소피아 중심에 있는 무명용사 탑

불가리아의 국가상징인 사자상

불가리아 소피아시내 전경

불가리아 소피아의 관문, 소피아공항

불가리아 국가문양, 세마리의 사자가 왕관을 떠받들고 있는 형상이다.

불가리아 남부지역의 목조가옥

흑해연안 바르나에 있는 불가리아 정교회

불가리아 정치 1번지, 국회의사당 모습

불가리아 정교회의 결혼식 모습

불가리아 전통의상을 입고 있는 연수생들

불가리아 남부 고체 - 델체프의 양고기 요리와 뽀가차 빵

불가리아인들의 손님맞이 모습. 빵과 소금으로 대문에서 접대한다.

불가리아 집시 모자의 모습

БЪЛГАРСКИ ЕЗИК ЗА КОРЕЙЦИ
한국인을 위한 불가리아어 문법

Уонхой Ким, Иван Г. Илиев
김원회, 이반 일리예프 공저

머리말

올해로 한국에 불가리아어문학 교육이 공식적으로 시작된 지 벌써 다섯 해를 맞고 있다. 2005년 3월 1일부터 한국외국어대학교 불가리아어과에서 교육을 시작한 이후 한국 내 불가리아에 대한 관심과 이해는 많이 향상되었다. 더구나 2004년 불가리아의 NATO 가입과 2007년 EU 가입을 통하여 불가리아는 우리에게 한층 다가와 있다. 그러나 아직도 한국인들에게 불가리아는 장수국가, 요구르트의 나라로만 알려져 있는 것도 또한 현실이다.

공저자 김원회 교수는 발칸반도의 중심부에 위치하고 있는 지리적인 이점과 수준 높은 인적자원과 다양한 물적자원을 이용하여 불가리아가 빠른 도약을 하고 있는 사실을 가장 가까이에서 지켜보면서, 훌륭한 불가리아 교재를 만들어, 한국과 불가리아의 물리적 거리를 단축시켜보겠다고 결심하고 이 저술 작업을 시작하였다. 때마침 한국외국어대학교 불가리아어과에 외국인 교수로 와 계신 Plovdiv대학의 Ivan Iliev 교수와 뜻을 같이 하여 한국인을 위한 가장 적합한 불가리아어 문법 교재를 같이 만들기로 의기투합하였다.

이 책은 한국인 학습자가 불가리아어 기초 문법을 습득한 이후, 동사 활용과 관사 활용 등 불가리아 문법에서 비교적 어렵게 다가오는 부분의 학습을 추가로 할 경우를 가정하여 만들어졌다. 따라서 본문과 단어 해설, 문법 설명도 동사와 중급 정도의 실력자들을 겨냥하여 만들어진 것이 다. 각 학과의 본문들은 저자들이 독창적으로 만들어낸 것이며, 일상생활과 한국과 불가리아에 관련된 주제로 구성하고자 노력하였다. 단어 설명은 학습자들이 이 책만으로도 단어의 기원과 파생, 운용을 익힐

수 있도록 자세히 다루었다. 특히 명사의 경우에는 성과 수, 그리고 관사 동반 형태를 표시하였고, 동사의 경우에는 완료상과 불완료상의 대조, 동사의 시제에 따른 변화형을 인칭에 따라 자세히 나열하였다.

아울러 각 과의 중간에는 불가리아 문화를 나타내는 상징물들을 해설과 함께 사진으로 실어보았다. 이것은 언어습득도 문화 현상을 익혀가는 과정의 하나라는 저자의 언어 철학적 반영이라고 할 수 있다.

본 교재의 출판은 우리 공저자 외에 주변의 조력에 의해 이루어졌으며, 이 자리를 빌어 그분들께 감사의 인사를 전하고자 한다. 특별히 불가리아어과 4학년 김영현 학생은 자료 정리에 많은 도움을 주었다. 아울러 오늘도 발칸의 진주를 캐기 위해 강의실에서, 도서관에서 불을 밝히며 학업에 열중하는 한국외국어대학교 불가리아어과 졸업생과 재학생들은 번쩍이는 질문과 날카로운 지적으로 이 책의 완성도를 높여주었다. 이들 모두에게 감사와 행운의 인사를 전한다. 마지막으로 특수 외국어 교재 개발과 출판에 심혈을 기울이는 한국외국어대학교 출판부에 감사의 인사를 전한다.

2009년 4월 20일
봄이 나린 어문관 연구실에서
김원회, Ivan Iliev 드림.

목 차

УРОК 1 Кой е този?

ЧАСТ А

- Какво е това?
- Това е книга.
- А какво е онова?
- Онова е химикал.
- Кой е този?
- Този е господин Ким.
- А кой е онзи?
- Онзи е Джин Мьонг.
- Коя е тази?
- Тази е Су Джин.
- А коя е онази?
- Онази е Сън Ън.
- Кои са тези?
- Тези са учениците.
- А кои са онези?
- Онези са ученичките.
- Господин Ким е тук. А къде е Джин Мьонг?
- Джин Мьонг е там.
- Откъде е господин Ким?
- Господин Ким е от Сеул, Корея. Той е кореец. А откъде е Джин Мьонг?
- Джин Мьонг също е от Сеул, Корея. И той е кореец.

ЧАСТ В

- Какъв е господин Ким?
- Господин Ким е учител. А какъв е Джин Мьонг?
- Джин Мьонг е ученик. Учителят е от Сеул и ученикът е от Сеул. Те са сеулци. Учителят е кореец. Такъв е и ученикът. Те са корейци.
- А каква е Су Джин?
- Су Джин е ученичка. Такава е и Сън Ън. Ученичката Су Джин също е от Сеул, Корея.
- Какво е това?
- Това е дете. Детето е от Пусан. То също е корейче.
- Какви са другите ученици и ученички?
- Учениците са корейци, а ученичките също са корейки.
- Кой си ти?
- Аз съм Петър.
- А кой е той?
- Той е Тодор.
- А коя е тя?
- Тя е Минка.
- А кои сте вие?
- Ние сме Иван и Чавдар.
- Кои са те?
-Те са Чудомир и Янка.
- Какви са Чудомир и Янка?
- Чудомир и Янка са студенти, те са българи.
- Това стая ли е?
- Да, това е стая.
- Това университет ли е?
- Не, това не е университет, това е училище.
- Ти студент ли си?
- Не, не съм студент, аз съм ученик.
- Вие студенти и студентки ли сте?
- Не, ние не сме студенти, ние сме ученици и ученички.
- А ти не си ли студент?
- Не, аз също не съм студент. Аз съм ученик.

불가리아의 국기와 국가 문양

불가리아의 국기는 흰색, 초록색, 붉은색으로 구성된 모양을 하고 있다. 일반적으로 흰색은 건강과 평화, 초록은 희망, 붉은색은 힘과 저력, 피, 심장 등을 상징한다. 불가리아의 국가 문양은 사자 세 마리가 왕관을 떠 받들고 있는 형상인데, 사자들 밑으로는 "뭉치면 힘이 된다, **съединението прави силата**"라는 불가리아 어구가 새겨져 있다.

РЕЧНИК КЪМ УРОК 1
1과 단어

- какъв, каква, какво, какви – (代) 무슨; 어떤, 어떠한
- съм, си, е, сме, сте, са – (동사) 이다.(영어의 Be 동사를 의미)
- този, тази, това, тези – (代) [지시대명사] 이; 그 (가까운 거리를 지칭)
- книга, книги – (명사) 책, 서적
- а – (접속사) 그런데, 그렇지만, 하지만
- онзи, онази, онова, онези – (代) [지시대명사] 저것, 저 사람; 그것, 그 사람 (먼 거리를 지칭)
- химикал(ка), химикали, химикалки – (명사) 볼펜
- кой, коя, кое, кои – (代) [의문대명사] 누구; 무엇; 어느, 어떤, 무슨
- господин, господа – (명사) 씨, 분, 선생님
- ученик, ученици – (명사) 학생
- ученичка, ученички – (명사) 여학생
- тук – (부사) 여기에, 이곳에
- къде – (부사) 어디로, 어느 곳으로; 어디에
- там – (부사) 거기(에), 그곳에; 저기(에), 저곳에
- откъде – (부사) 어디로부터, 어디에서
- от – (전치사) ~으로부터, ~에서; 출신이다.
- Сеул – (명사) 서울
- Корея – (명사) 한국
- той – (代) [인칭대명사] 그는
- кореец, корейци – (명사) 한국인; 한국 남자
- също – (부사) 또한, 또, ~도, 역시, 마찬가지로
- и – (접속사) 그리고
- учител, учители – (명사) 선생, 스승, 교사
- такъв, такава, такова, такива – (代) [지시대명사] 이와[그와] 같은, 이러한
- дете, деца – (명사) 아이, 어린이
- то – (代) [인칭대명사] 그것
- корейче, корейчета – (명사) 한국 아이/ 한국 여자아이
- друг, друга, друго, други – (형용사) 다른
- корейка, корейки – (명사) 한국 여자
- ти – (代) [인칭대명사] 너는, 네가
- аз – (代) [인칭대명사] 나는, 내가

· тя – (代) [인칭대명사] 그녀는, 그녀가
· вие – (代) [인칭대명사] 너희들은, 당신은
· ние – (代) [인칭대명사] 우리들은
· те – (代) [인칭대명사] 그들은
· студент, ст уденти – (명사) 대학생
· стая, стаи – (명사) 방
· да – (소사) 네. 예
· университет, университети – (명사) 대학교
· ли – (의문 소사) ~까? ~냐?
· не – (부정 소사) 아니오
· училище, училища – (명사) 학교

ОБЯСНЕНИЯ КЪМ УРОК 1
1과 문법

1. съм 동사

Един от най-често използваните български глаголи е глаголът 'съм'. За разлика от корейските глаголи, българските глаголи се менят по лице и число. В сегашно време формите на съм са следните. 불가리아어에서 가장 많이 사용되는 동사가 바로 'съм' 동사이다. 한국어와 달리 불가리아어의 이 동사는 인칭과 수에 따라 변화한다. 현재 시제에서 'съм' 동사의 변화형은 다음과 같다.

Положителна форма	**Отрицателна форма**
аз *съм* учител	аз не съм учител
ти *си* учител	ти не си учител
той *е* учител	той не е учител
тя *е* учителка	тя не е учителка
то *е* бебе	то не е бебе
ние *сме* учители	ние не сме учители
вие *сте* учителки	вие не сте учителки
те *са* учители и учителки	те не са учители и учителки

Въпросителна форма	**Въпросително-отрицателна форма**
аз учител ли съм ?	аз не съм ли учител ?
ти учител ли си ?	ти не си ли учител ?
той учител ли е ?	той не е ли учител ?
тя учителка ли е ?	тя не е ли учителка ?
то бебе ли е ?	то не е ли бебе ?
ние учители ли сме ?	ние не сме ли учители ?
вие учителки ли сте ?	вие не сте ли учителки ?
те учители и учителки ли са ?	те не са ли учители и учителки ?

2. 인칭대명사

Думите пред формите на глагола са лични местоимения. Тези форми на личните местоимения се използват, когато заместват лице или предмет, който върши действието в изречението. 동사 앞에 선행하는 것은 인칭대명사이다. 이 형태들은 문장에서 행위를 수행하는 사람이나 사물을 대신해서 사용된다.

3. 명사

Съществителните имена в българския език се менят по род. Тази категория липсва в корейски. Българските съществителни трябва да се научават заедно с рода. Определят се според формата, с която се свързват. 불가리아어에서 명사는 성에 따라 변화한다. 한국어에는 이 범주가 없다. 불가리아 명사는 이러한 성과 함께 익혀야 한다. 성은 주로 명사가 어떠한 분절음으로 끝나는가에 따라 결정된다.

един мъж (мъжки род)	한 명의 남자 (남성형태)
една жена (женски род)	한 명의 여자 (여성형태)
едно дете (среден род)	한 명의 아이 (중성형태)

▶ 명사의 성

Обикновено думите, които означават мъжки пол, са от мъжки род (учител, ученик), думите, които означават женски пол, са от женски род (учителка, ученичка), но това не важи винаги. Предметите и животните могат да бъдат от мъжки род (химикал), от женски (стая) или от среден (куче). 일반적으로 남성을 의미하는 단어는 남성(선생님, 학생) 단어이고, 여성을 의미하는 단어는 여성이다(여자 선생님, 여자 학생). 그러나 이것은 항상 일치하는 것은 아니다. 사물과 동물들은 남성(볼펜), 여성(방), 중성(개)가 될 수 있다.

▶ 명사의 수

Българските съществителни имат също число и определеност. Числото е единствено (когато се показва едно лице или предмет: ученик, химикал) и множествено (когато се показват повече от едно лице или предмет: ученици, химикали). Отделните думи образуват множествено число по различен начин. 불가리아어 명사는 또한 수와 한정성을 갖고 있다. 수에는 단수와 복수가 있다. 각각의 단어들은 다양한 방식으로 복수를 만든다.

▶ 명사의 한정성 표현-관사

Определеността се изразява с определителен член. Той обикновено се използва, когато се говори за вече известен човек или предмет: Това е ученик, а онова е стая. Но: Ученикът е в стаята. Думите от различен род и число приемат различен определителен член, когато показват лицето или предмета, които вършат действието в изречението или лицето или предмета, употребени след глагола съм: Камионът идва – Това е камионът; Учителят идва – Това е учителят. За множествено число винаги се използва член –те, за женски род единствено число винаги се използва член –та, за среден род единствено число се използва -то. 한정성은 한정 관사를 통하여 표현된다. 이 관사는 이미 알려진 사람이나 사물을 표현할 때 사용된다. 성과 수에 따라 각각 다양한 관사 형태를 취한다. 일반적으로 복수에서는 -те가, 단수 여성에서는 –та, 단수 중성에서는 –то가 사용된다.

За мъжки род единствено число се използват два члена: –ът и –ят. В българския език се срещат и много случаи на образуване на неправилни форми за род и число.
Ето някои примери за промяната на съществителните по род, число и определеност. 남성의 경우에는 두 가지 관사 형태가 사용된다. –ът 와 –ят 가 바로 그것이다. 그러나 관사 형태가 규칙에 어긋나게 형성되는 경우도 있다. 다음 예들은 단수-단수 관사-복수-복수 관사 순으로 나열된 것이다.

жена – жената – жени – жените ‘여자’

стол – столът – столове – столовете ‘의자’

дете – детето – деца – децата ‘아이’

град – градът – градове – градовете ‘도시’

учител - учителят – учители –учителите ‘선생님’

бряг – брегът – брегове - бреговете ‘절벽’

свят – светът – светове - световете ‘세상’

смях – смехът – смехове – смеховете ‘웃음’

цвят – цветът – цветове – цветовете ‘색깔’

вятър – вятърът – ветрове – ветровете ‘바람’

желязо – желязото – железа – железата ‘쇠, 철’

коляно – коляното – колена – колената ‘무릎’

връх – върхът – върхове – върховете ‘정상’

гръб – гърбът – гърбове - гърбовете ‘등’

гръд – гръдта - гърди – гърдите ‘가슴’

съпруг – съпругът – съпрузи - съпрузите ‘남편’

юнак – юнакът – юнаци - юнаците ‘젊은이’

вълк – вълкът – вълци – вълците ‘늑대’

стомах – стомахът – стомаси - стомасите ‘위장’

монах – монахът – монаси - монасите ‘수도사’

Има десет съществителни от мъжки род, които се членуват по правило с –ят. 다음 남성명사는 연변화하는 것으로서 관사 형태가 –ят가 붙는다.

ден – денят – дни – дните ‘날, 일’

зет – зетят – зетьове – зетьовете ‘며느리’

кон – конят – коне – конете ‘말’

крал – кралят – крале – кралете ‘왕’

лакът – лакътят – лакти – лактите ‘팔꿈치’

нокът – нокътят – нокти – ноктите ‘손목’

огън – огънят – огньове – огньовете ‘불길, 화염’

път – пътят – пътища – пътищата ‘길’

син – синят – синища – синищата ‘아들’

цар – царят – царе – царете ‘황제’

Думите с наставки –тел и –ар също се членуват с –ят, освен в заемки от чужди езици. 접사 -тел이나 –ар를 갖는 명사들도 관사어미로 –ят를 취한

다. 외래어에서는 예외가 있을 수 있다.

писател – писателят – писатели – писателите '작가'
овчар – овчарят - овчари - овчарите '양치기'
но:
пазар – пазарът – пазари – пазарите '시장'
катинар – катинарът – катинари – катинарите '자물쇠'

Когато някое лице или предмет не извършва действието в изречението, се използват различни членни форми. 남성 명사의 경우에는 행위를 수행하는 주어인가 아니면 대상인 비 주어인가에 따라 2가지 형태가 사용된다. 이 경우 주어로 사용된 경우는 관사가 -ът나 -ят 가 붙고, 비 주어인 경우에는 -а나 -я가 된다. 명사가 여성과 중성인 경우 그리고 복수 형태에서는 위와 같은 차이가 존재하지 않는다.

Градът е голям – Това е градът, 도시는 크다 – 이것은 도시이다(주어)
но:
Аз виждам града. 나는 도시를 보고 있다(비주어)
Големият град е шумен – Това е големият град.
큰 도시는 슈멘이다 – 이것은 커다란 도시이다
но:
Аз виждам големия град. 나는 큰 도시를 보고 있다
Учителят идва – Това е учителят.
선생님이 오고 있다 – 이것은 선생님이다
но:
Аз виждам учителя. 나는 선생님을 보고 있다
Новият учител идва – Това е новият учител.
새로운 선생님이 오고 있다 – 이것은 새로운 선생님이다
но:
Аз виждам новия учител. 나는 새로운 선생님을 보고 있다

Ето примери за членуване на някои думи. 다음은 주어와 비주어 형태를 예시한 예들이다.

град – градът/града – градове - градовете
учител - учителят/учителя – учители - учителите
нов – новият/новия 새로운
стар – старият/стария 오래된
ден – денят/деня 날, 일
зет – зетят/зетя 사위
кон – конят/коня 말
крал - кралят/краля 왕
лакът - лакътят/лакътя 팔꿈치
нокът - нокътят/нокътя 손목
огън - огънят/огъня 불
път - пътят/пътя 길
сън - сънят/съня 꿈
цар - царят/царя 황제
нов дом – новият дом – новия дом 새로운 집
добра жена – добрата жена – добрата жена 착한 아내
хубаво дете – хубавото дете – хубавото дете 잘 생긴 아이

4. 국가와 국민 표시

Ето някои имена на държави и националности.
국가와 국민을 표시하는 방법

Албания – 알바니아	албанец – албанци	албанка – албанки
Америка – 미국	американец – американци	американка – американки
Англия – 영국	англичанин –англичани	англичанка – англичанки
България – 불가리아	българин –българи	българка – българки
Гърция – 그리스	грък – гърци	гъркиня – гъркини
Германия – 독일	германец – германци немец – немци	германка – германки немкиня - немкини
Испания – 스페인	испанец – испанци	испанка – испанки

Италия – 이탈리아	италианец – италианци	италианка – италианки
Китай – 중국	китаец – китайци	китайка – китайки
Корея – 한국	кореец – корейци	корейка – корейки
Румъния – 루마니아	румънец – румънци	румънка - румънки.
Русия – 러시아	руснак – руснаци	рускиня – рускини
Сърбия – 세르비아	сърбин – сърби	сръбкиня - сръбкини
Турция – 터키	турчин – турци	туркиня – туркини
Франция – 프랑스	французин – французи	французойка – французойки
Япония – 일본	японец – японци	японка – японки

불가리아에 오신 것을 환영합니다.

일반적으로 불가리아에서는 손님이 오면 문 앞이나 현관에서 불가리아 전통 빵인 뽀가차 빵과 소금, 후추 등을 대접한다. 손님으로 간 사람은 빵을 조금 떼어 소금이나 후추에 찍어 먹고 감사하다는 인사를 하며 집안으로 들어선다.

УРОК 2 Учителят пише на дъската.

ЧАСТ А

- Това е класната стая. Стените са бели, таванът е сив, дъската е зелена, тебеширите са сини, жълти и оранжеви. Столовете са дървени. Те са черни. Пердетата са розови. Розите във вазата са червени.
- Сега учениците са в час. Днес имат час по английски език за първи път. Учителят казва:
- Здравейте, деца. Аз се казвам Иван Петров и съм учител по английски.

ЧАСТ В

Учителят пише на дъската. Учениците пишат в тетрадките. Те ту пишат, ту четат, ту правят упражнения. Учениците или говорят, или пишат. Те ще учат английски език и утре, и през цялата година. Те обичат да учат и искат да знаят този език добре. Могат да говорят, но трябва да учат още много. Те няма да спрат да учат и през ваканцията. Ще бъдат вкъщи, но ще четат пак. Те не искат да забравят уроците.

Но един ученик не пише. Учителят пита:

- Как се казваш?

  Ученикът отговаря:
- Казвам се Тодор.
- Говориш ли английски?
- Да, говоря малко.
- Имаш ли химикал?
- Нямам.
- А нямаш ли поне молив?
- Не, нямам.
- Ето химикал. Заповядай!

  Благодаря. Извинявайте, вече ще пиша.

국립 소피아 대학교 본관 건물

불가리아에서 가장 긴 역사와 큰 규모를 자랑하는 종합대학교로서 현재 약 2만 5천 명의 학생이 재학 중이다. 특히 법학부와 인문학부가 강한 전통을 갖고 있고, 불가리아 지도자 배출의 산실이기도 하다.

РЕЧНИК КЪМ УРОК 2
2과 단어

- класна стая, класни стаи – (명사) 강의실
- стена, стени – (명사) 벽
- бял, бяла, бяло, бели – (형용사) 하얀, 흰
- таван, тавани – (명사) 천장
- сив, сива, сиво, сиви – (형용사) 회색의
- дъска, дъски – (명사) 칠판
- зелен, зелена, зелено, зелени – (형용사) 초록색의, 녹색의
- тебешир, тебешири – (명사) 분필
- син, синя, синьо, сини – (형용사) 파란, 푸른색의
- жълт, жълта, жълто, жълти – (형용사) 노란, 황색의
- оранжев, оранжева, оранжево, оранжеви – (형용사) 주황색의
- стол, столове – (명사) 의자
- дървен, дървена, дървено, дървени – (형용사) 나무로 된
- черен, черна, черно, черни – (형용사) 검은, 검은색의
- перде, пердета – (명사) 커튼
- розов, розова, розова, розови – (형용사) 분홍의, 분홍색의
- роза, рози – (명사) 장미
- в(ъв) – (전치사) ~의 안에, 속에서, 안에서
- ваза, вази – (명사) 꽃병
- червен, червена, червено, червени – (형용사) 붉은, 빨간
- сега – (부사) 지금, 이제, 현재
- час, часове – (명사) 시간, 시, 학습(수업)시간
- днес – (부사) 오늘
- имам, имаш, има, имаме, имате, имат – (타동사) 있다, 갖고 있다
- по – (전치사) (전공) ~의, ~분야의
- английски – (형용사) 영어의
- език, езици – (명사) 말, 언어; 혀
- за – (전치사) ~으로, ~까지, ~에; ~를 위하여
- първи, първа, първо, първи – (수사) 첫째, 첫 번째; 최초
- път, пъти – (명사) 번, 회
- казвам, казваш, казва, казваме, казвате, казват – (타동사) 말하다
- здравей(те) – (감탄사) 안녕, 잘 지내니?; 안녕하세요, 잘 지내십니까?

- деца – (명사) 아이의 복수형
- казвам се, казваш се, казва се, казваме се, казвате се, казват се – (자동사) ~라고 불리다, 이름이 ~이다.
- пиша, пишеш, пише, пишем, пишете, пишат – (타동사) 쓰다, 적다, 필기하다
- на – (전치사) ~의;~에게;~에
- тетрадка, тетрадки – (명사) 공책
- ту – (접속사) ~다가 ~하다.
- чета, четеш, чете, четем, четете, четат – (동사) 읽다
- правя, правиш, прави, правим, правите, правят – (동사) 하다
- упражнениye, упражнения – (명사) 연습문제
- или – (접속사) 또는, 혹은
- говоря, говориш, говори, говорим, говорите, говорят – (동사) 말하다
- уча, учиш, учи, учим, учите, учат – (타동사) 배우다
- утре – (부사) 내일
- през – (전치사) ~을 통해서, ~을 지나서; ~ 동안에
- цял, цяла, цяло, цели – (형용사) 전체의, 꼬박, 꼭, 모든
- година, години – (명사) 해, 년
- обичам, обичаш, обича, обичаме, обичате, обичат – (타동사) 사랑하다, 좋아하다
- да – (소사) 네. 예
- искам, искаш, иска, искаме, искате, искат – (타동사) 원하다, 바라다
- зная, знаеш, знае, знаем, знаете, знаят – (타동사) 알다
- добре – (부사) 잘
- мога, можеш, може, можем, можете, могат – (자동사) ~할 수 있다
- но – (접속사) 그런데, 그러나, 하지만
- трябва – (비인칭) ~해야 하다, ~할 필요가 있다
- още – (부사) 더, 더 많이; 아직; 이미, 벌써
- много – (부사) 많은, 매우, 아주
- спрат (спирам-спра) – (동사) 멈추다, 서다
- ваканция, ваканции – (명사) 방학, 휴가
- бъда, бъдеш, бъде, бъдем, бъдете, бъдат – (자동사) 미래시제 ~이다; 있다
- вкъщи – (부사) 집에
- пак – (부사) 다시, 또
- забравя, забравиш, забрави, забравим, забррavите, забравят; забравям, забравяш, забравя, забравяме, забравяте, забравят – (타동사) 잊다

- урок, уроци – (명사) 과, 수업, 수업시간
- един, една, едно, едни – (수사) 하나, 일
- питам, питаш, пита, питаме, питате, питат – (타동사) 묻다, 질문하다
- как – (부사) 어떻게, 어떤 방법으로
- отговарям, отговаряш, отговаря, отговаряме, отговаряте, отговарят – (타동사) 대답하다
- нямам, нямаш, няма, нямаме, нямате, нямат – (타동사) 없다, 갖고 있지 않다
- поне – (부사) 적어도, 최소한, 하다 못해
- молив, моливи – (명사) 연필
- ето – (소사) 자, 여기
- заповядай(те) – (명령형) 여기 있습니다.; 드십시오.; 들어오십시오, 앉으십시오.
- благодаря, благодариш, благодари, благодалим, благодарите, благодарят – (자동사) 감사하다
- извинявай(те) –(명령형) 여보세요, 미안합니다, 실례합니다, 죄송합니다.
- вече – (부사) 이미, 벌써
- пиша, пишеш, пише, пишем, пишете, пишат – (타동사) 쓰다, 필기하다

ОБЯСНЕНИЯ КЪМ УРОК 2
2과 문법

Сегашно време на българския език. В него съществуват три основни групи . Те са 1, 2, и 3-та група. Има и изключение. 불가리아어 현재 시제에는 그 변화 형태에 따라 3가지 종류의 동사 그룹이 존재한다. 이 들은 1, 2, 3식으로 지칭된다. 물론 예외적 형태도 존재한다.

제1식(-е-)

чета, четеш, чете, четем, четете, четат 읽다

бъда, бъдеш, бъде, бъдем, бъдете, бъдат ~일 것이다.

мога, можеш, може, можем, можете, могат ~할 수 있다(음운변화가 일어나는 경우)

제2식(-и-)

уча, учиш, учи, учим, учите, учат 배우다

говоря, говориш, говори, говорим, говорите, говорят 말하다

правя, правиш, прави, правим, правите, правят 하다

제3식(-м)

казвам, казваш, казва, казваме, казвате, казват 이야기하다

искам, искаш, иска, искаме, искате, искат 원하다

питам, питаш, пита, питаме, питате, питат 묻다

* 예외 형태들

съм, си, е, сме, сте, са ~이다

ям, ядеш, яде, ядем, ядете, ядат 먹다

дам, дадеш, даде, дадем, дадете, дадат 주다

трябва 현재 변화하지 않는 보조사

УРОК 3 Пътуване

ЧАСТ А

Това са господин и госпожа Николови. Те отиват на екскурзия. Идват от Варна и отиват в София с влак. Пристигат ли в София, ще търсят кола, автобус или маршрутно такси за летището. Там ще хванат самолет за Корея. Летището е далеч. От него ще заминат за Корея. Ще се качат на самолета и ще пристигнат в Сеул.

Господин Николов е съпруг на госпожа Николова. Той е неин мъж. Той е мъжът ѝ. Госпожа Николова е съпруга на господин Николов. Тя е негова жена. До тях има куфар. Това е техният куфар. Това е куфарът им.

ЧАСТ В

В момента Николови са на гарата. Чакат влака. Влакът пристига късно. Те напускат гарата и влизат във влака. В своята лява ръка господин Николов носи куфар. Куфарът е тежък. В дясната си ръка държи билетите. Той подава куфара на жена си. Те сядат на местата си.

Жена му гледа през прозореца. Идва един човек. Това е кондукторът. Той вижда жената. Тя го вижда също. Кондукторът я пита дали има билет. Иска билета ѝ. После той се обръща към мъжа и също иска билета му:

- Може ли да видя билета ви?

Господин Николов му подава своя билет. Кондукторът проверява билетите им и им казва:

- Приятно пътуване!

Те отговарят:

- Благодаря, приятна работа!

РЕЧНИК КЪМ УРОК 3
3과 단어

- госпожа, госпожи – (명사)부인, 여사
- екскурзия, екскурзии – (명사) 소풍, 짧은 여행
- идвам, идваш, идва, идваме, идвате, идват – (자동사) 오다
- от – (전치사) ~으로 부터, ~에서
- отивам, отиваш, отива, отиваме, отивате, отиват – (자동사) 가다
- в – (전치사) ~의 안에, 속에서, 안에서
- София – (명사) 소피아 (불가리아의 수도)
- пристигам, пристигаш, пристига, пристигаме, пристигате, пристигат – (자동사) 도착하다, 닿다, 이르다
- търся, търсиш, търси, търсим, търсите, търсят – (타동사) 찾다, 발견하다
- кола, коли – (명사) 차, 자동차
- автобус, автобуси – (명사) 버스
- маршрутно такси, маршрутни таксита – (명사) 노선 택시
- за – (전치사) ~으로, ~까지, ~에; ~를 위하여
- летище, летища – (명사) 공항
- хвана, хванеш, хване, хванем, хванете, хванат – (타동사) 잡다, 잡아타다, ~에 타다
- самолет, самолети – (명사) 비행기
- далеч – (부사) 멀리, 먼, 멀리 떨어진, 거리가 먼
- него – (대명사) 목적격 - 그를, 그 사람을; 그에게
- замина, заминеш, замине, заминем, заминете, заминат; заминавам, заминаваш, заминава, заминаваме, заминавате, заминават – (자동사) 가다, 떠나다, 출발하다
- кача се, качиш се, качи се, качим се, качите се, качат се; качвам се, качваш се, качва се, качваме се, качвате се, качват се – (자동사) 타다, 탑승하다; 오르다
- съпруг, съпрузи – (명사) 남편
- на –(전치사) ~의;~에게;~에
- неин, нейна, нейно, нейни – (대명사) 소유격- 그녀의, 그 여자의
- мъж, мъже – (명사) 남자, 남편
- ѝ – (неин) – (대명사) 소유격- 그녀의, 그 여자의
- съпруга, съпруги – (명사) 아내, 처
- негов, негова, негово, негови – (대명사) 소유격- 그의, 그의 것

· жена, жени – (명사) 여자, 아내
· до – (형용사) ~의 곁에, 옆에, ~까지
· тях – (대명사) 목적격 – 그들을, 그것들을
· има – (비인칭) 있다, 존재하다, 위치하다
· куфар, куфари – (명사) 트렁크, 여행가방
· техен, тяхна, тяхно, техни – (소유대명사) 그들의, 그 사람들의; 그것들의
· им – (대명사) 여격 -그들에게, 그 사람들에게, 그것들에게
· момент, моменти – (명사) 순간, 찰나
· гара, гари – (명사) 역
· чакам, чакаш, чака, чакаме, чакате, чакат – (타동사) 기다리다
· влак, влакове - (명사) 기차, 열차
· късно – (부사) 늦게, 뒤늦게
· напускам, напускаш, напуска, напускаме, напускате, напускат – (타동사) (어떤 장소를) 떠나다
· влизам, вли ш, влиза, влизаме, влизате, влизат – (자동사) 들어가다
· свой, своя, свое, свои – (재귀 소유 대명사) 자기의, 자신의, 자기 자신의
· ляв, лява, ляво, леви – (형용사) 왼쪽의, 왼편의
· ръка, ръце – (명사) 손, 팔
· нося, носиш, носи, носим, носите, носят –(타동사) 메다, 들다, 지다
· тежък, тежка, тежко, тежки – (형용사) 무거운; 힘든
· десен, дясна, дясно, десни – (형용사) 오른쪽의
· си – (재귀 소유 대명사) свой의 단축형. 내, 자신의, 자기의
· държа, държиш, държи, държим, държите, държат – (타동사) 들다, 갖고 있다. 잡다
· билет, билети – (명사) 표
· подавам, подаваш, подава, подаваме, подавате, подават – (타동사) (손으로) 건네다, 건네주다, 넘겨주다, 전달하다
· сядам, сядаш, сяда, сядаме, сядате, сядат – (자동사) 앉다
· място, места – (명사) 자리, 좌석
· гледам, гледаш, гледа, гледаме, гледате, гледат – (타동사) (주의해서) 보다, 바라보다, 쳐다보다
· през – (전치사) ~을 통해서, ~을 지나서; ~ 동안에
· прозорец, прозорци – (명사) 창문
· идвам, идваш, идва, идваме, идвате, идват – (자동사) 오다
· човек, хора – (명사) 사람, 인간
· кондуктор, кондуктори – (명사) 검표원, 차장

- виждам, виждаш, вижда, виждаме, виждате, виждат – (타동사) 보다, 보이다
- го – (인칭대명사) 목적격-그를, 그 사람을; 그것을
- също – (부사) 또한, 또, ~도, 역시, 마찬가지로
- я – (인칭대명사) 목적격- 그녀를, 그 여자를
- питам, питаш, пита, питаме, питате, питат – (타동사) 묻다, 질문하다
- дали – (소사) ~을까 / (접속사) ~인지 어떤지
- искам, искаш, иска, искаме, искате, искат – (타동사) 원하다, 바라다, 갖고 싶다
- после – (부사) 후에, 나중에
- обръщам се, обръщаш се, обръща се, обръщаме се, обръщате се, обръщат се – (자동사) 얼굴을 돌리다
- към – (전치사) ~쪽으로, ~을 향하여
- му –(인칭대명사) той, то의 여격- 그에게, 그한테, 그 사람에게
- може ли – ~해도 됩니까?
- видя, видиш, види, видим, видите, видят; виждам, виждаш, вижда, виждаме, виждате, виждат – (동사) 보다, 보이다
- ви – (인칭대명사) 목적격- вас의 준말, 너희, 자네를, 여러분을; 당신을, 선생님을
- му – (인칭대명사) той, то의 여격- 그에게, 그한테, 그 사람에게
- проверявам, проверяваш, проверява, проверяваме, проверявате, проверяват – (타동사) 조사하다, 점검하다, 검토하다, 검열하다, 검사하다
- им – (인칭대명사) те의 여격- 그들에게, 그 사람들에게, 그것들에게
- казвам, казваш, казва, казваме, казвате, казват – (타동사) 말하다
- приятен, приятна, приятно, приятни – (형용사) 즐거운, 유쾌한, 기분 좋은, 좋은
- пътуване, пътувания – (명사) 여행; 항해
- отговарям, отговараш, отговаря, отговаряме, отговаряте, отговарят – (타동사) 대답하다
- работа, работи – (명사) 일, 노동, 작업

불가리아 소피아 국제 공항과 소피아 시내

불가리아에는 소피아 국제 공항이 시내에서 가까운 거리에 있다(승용차로 약 30분 소요). 우리나라와는 비자면제 협정이 체결되어 있어 90일까지는 무비자로 여행이나 업무를 볼 수 있다. 오른쪽은 소피아 시내에서 국립미술관과 중앙 광장을 바라 본 풍경 사진이다.

ОБЯСНЕНИЯ КЪМ УРОК 3
3과 문법

1. 인칭대명사의 격

Когато не заместват лице или предмет, който върши действието, личните местоимения имат различни форми от показаните досега. 행위를 수행하는 사람이나 사물을 지칭하지 않는 경우에 인칭대명사는 지금까지와는 또 다른 형태를 갖는다.

Кратки форми на личните местоимения, винителен падеж, дателни падеж			
число/лице/род	**именителен падеж**	**винителен падеж**	**дателен падеж**
ед.ч. 1 л.	аз	ме	ми
2 л.	ти	те	ти
3л. м.р.	той	го	му
ж.р.	тя	я	ѝ
ср.р.	то	го	му
мн.ч. 1 л	ние	ни	ни
2 л.	вие	ви	ви
3 л.	те	ги	им

▶예문

аз те виждам '나는 너를 보고 있다'

ти ме виждаш '너는 나를 보고 있다'

той я вижда '그는 그녀를 보고 있다'

тя го вижда '그녀는 그를 보고 있다'

ние ви виждаме '우리는 당신을 보고 있다'

вие ги виждате '당신은 그들을 보고 있다'

те ни виждат '그들은 우리를 보고 있다'

аз ти давам книгата '나는 너에게 그 책을 준다'

ти ми даваш книгата '너는 내게 그 책을 준다'

той ѝ дава книгата '그는 그녀에게 그 책을 준다'

тя му дава книгата '그녀는 그에게 그 책을 준다'

ние ви даваме книгата '우리는 당신들에게 그 책을 준다'

вие им давате книгата '당신들은 그들에게 그 책을 준다'

те ни дават книгата '그들은 우리에게 그 책을 준다'

Понякога се използват по две форми на местоименията – дълга и кратка.
종종 대명사의 두 형태가 사용 된다. 그것은 장어미와 단어미이다.

Местоименни форми – пълна и кратка форма		
ед.ч.	мене ме	на мене ми
	тебе те	на тебе ти
	него го	на него му
	нея я	на нея ѝ
	него го	на него му
мн.ч.	нас ни	на нас ни
	вас ви	на вас ви
	тях ги	на тях им

▶예문

мене ме боли глава '나는 머리가 아프다'

тебе те боли глава '너는 머리가 아프다'

него го боли глава '그는 머리가 아프다'

нея я боли глава '그녀는 머리가 아프다'

нас ни боли глава '우리는 머리가 아프다'

вас ви боли глава '당신들은 머리가 아프다'

тях ги боли глава '그들은 머리가 아프다'

на мен ми дават книгата '나에게 그 책을 준다'

на теб ти дават книгата '너에게 그 책을 준다'
на него му дават книгата '그에게 그 책을 준다'
на нея и дават книгата '그녀에게 그 책을 준다'
на нас ни дават книгата '우리에게 그 책을 준다'
на вас ви дават книгата '당신에게 그 책을 준다'
на тях им дават книгата '그들에게 그 책을 준다'

2. 재귀대명사 용법

Когато действието е насочено към този, който го върши, се използват еднакви форми за всички лица и числа. 행위가 그것을 수행하는 본인에게 향할 경우 인칭과 수에 상관없이 동일한 형태가 사용된다. 이것을 재귀대명사라고 하기도 한다.

▶예문

аз мия себе си – аз се мия '나는 (나 자신을) 씻는다'
ти миеш себе си – ти се миеш '너는 (너 자신을) 씻는다'
той мие себе си – той се мие '그는 (그 자신을) 씻는다'
тя мие себе си – тя се мие '그녀는 (그녀 자신을) 씻는다'
то мие себе си – то се мие '그는 (그 자신을) 씻는다'
ние мием себе си – ние се мием '우리는 (우리 자신을) 씻는다'
вие миете себе си – вие се миете '당신은 (당신 자신을) 씻는다'
те мият себе си – те се мият '그들은 (그들 자신을) 씻는다'

3. 소유대명사

Притежателните местоимения показват на кого принадлежи дадено лице или предмет. 소유대명사는 주어진 사람이나 사물이 어디에 속해있는가를 보여주는 품사이다.

▶예문

Чий е този билет?/На кого е този билет?

이 표는 누구의 것인가?

Чия е тази чанта?/На кого е тази чанта?

이 가방은 누구의 것인가?

Чие е това място/На кого е това място?

이 자리는 누구의 것인가?

Чии са тези билети/На кого са тези билети?

이 표들은 누구의 것인가?(복수)

Този билет е мой. Това е билетът ми.

이 표는 나의 것이다. 이것은 나의 표이다.

Тази чанта е моя. Това е чантата ми.

Това място е мое. Това е мястото ми.

Тези билети са мои. Това са билетите ми.

Този билет е твой. Това е билетът ти.

이 표는 너의 것이다. 이것은 너의 표이다.

Тази чанта е твоя. Това е чантата ти.

Това място е твое. Това е мястото ти.

Тези билети са тви. Това са билетите ти.

Този билет е негов. Това е билетът му.

이 표는 그의 것이다. 이것은 그의 표이다.

Тази чанта е негова. Това е чантата му.

Това място е негово. Това е мястото му.

Тези билети са негови. Това са билетите му.

Този билет е неин. Това е билетът ѝ.

이 표는 그녀의 것이다. 이것은 그녀의 표이다.

Тази чанта е нейна. Това е чантата ѝ.

Това място е нейно. Това е мястото ѝ.

Тези билети са нейни. Това са билетите ѝ.

Този билет е наш. Това е билетът ни.

이 표는 우리의 것이다. 이것은 우리의 표이다.
Тази чанта е наша. Това е чантата ни.
Това място е наше. Това е мястото ни.
Тези билети са наши. Това са билетите ни.

Този билет е ваш. Това е билетът ви.
이 표는 당신의 것이다. 이것은 당신의 표이다.
Тази чанта е ваша. Това е чантата ви.
Това място е ваше. Това е мястото ви.
Тези билети са ваши. Това са билетите ви.

Този билет е техен. Това е билетът им.
이 표는 그들의 것이다. 이것은 그들의 표이다.
Тази чанта е тяхна. Това е чантата им.
Това място е тяхно. Това е мястото им.
Тези билети са техни. Това са билетите им.

Притежателните местоимения се членуват по следния начин: 소유대명사는 다음과 같이 관사가 붙는다

мой – моят – моя, моя – моята, мое – моето, мои - моите
твой – твоят – твоя, твоя – твоята, твое –твоето, твои - твоите
ваш – вашият –вашия, ваша – вашата, ваше-вашето, ваши -вашите
свой – своят – своя, своя – своята, свое – своето, свои – своите.

Вместо мой, твой, негов, когато се говори за предмет на вършителя на действието, който е пряко допълнение, за всички лица и числа се използва свой/си: 소유대명사가 주어와 일치하는 경우에는 재귀소유대명사 свой/си가 사용된다. 이때 그 의미는 같다.

▶예문

Това е моята книга. Това е книгата ми. 이것은 나의 책이다
Аз вземам своята книга. Аз вземам книгата си. 나는 자신의 책을 집는다

Това е твоята книга. Това е книгата ти 이것은 너의 책이다
Ти вземаш своята книга. Ти вземаш книгата си. 너는 자신의 책을 집는다

Това е Христо. Той взема своята книга. Той взема книгата си.
이 사람은 흐리스토이다. 그는 자신의 책을 집는다.
Това е Чавдар. Той взема своята книга. Той взема книгата си.
Това е Таня. Тя взема своята книга. Тя взема книгата си.

Христо взема книгата на Чавдар. Христо взема Чавдаровата книга. Христо взема неговата книга. Христо взема книгата му. 흐리스토는 차브다르의 책을 집는다. 흐리스토는 차브다르의 책을 집는다. 흐리스토는 그의 책을 집는다. 흐리스토는 그의 책을 집는다.
Таня взема книгата на Минка. Таня взема Минкината книга. Таня взема нейната книга. Таня взема книгата ѝ.
타냐는 민카의 책을 집는다. 타냐는 민카의 책을 집는다. 타냐는 그녀의 책을 집는다. 타냐는 그녀의 책을 집는다.

УРОК 4 Време и сезони

ЧАСТ А

Една година има дванадесет месеца, месеците на годината са: януари, февруари, март, април, май, юни, юли, август, септември, октомври, ноември, декември. Един месец има четири седмици, седмиците в месеца са четири. Една седмица има седем дена, дните на седмицата са: понеделник, вторник, сряда, четвъртък, петък, събота, неделя.

Днес е понеделник. През май времето обикновено е хубаво, но днес вали дъжд. Стоян отива да пазарува. Той отива на магазина. Там има плодове и зеленчуци, но няма дрехи. Това е хранителен магазин. На тази улица има и други магазини. На тази улица има общо три магазина. В магазина има опашка. Един мъж е пред него, двама-трима мъже са след него. Мъжът пред Стоян е по-висок от него, но най-висок е мъжът след него. На опашката има и жени. Две жени чакат накрая. Стоян ги пита:

- Извинете, колко е часът?
- Часът е три и четиридесет.
- Колко?
- Четири без двадесет.
- А, добре, благодаря. Имам време, мачът започва в четири и половина. Имам почти цял час, имам петдесет минути.

ЧАСТ В

На витрината Стоян вижда дини, банани, моркови, портокали, ябълки, круши, череши, ягоди, домати, лук и краставици. Той взема един банан и го разглежда. После взема една краставица и я разглежда.

Идва неговият ред.

- Какво ще желаете?
- Колко струва един килограм краставици?
- Два лева и десет стотинки.
- А колко струват два килограма моркови?
- Четири лева и осемдесет стотинки.

Морковите са по-скъпи от краставиците. Но най-скъпи са ябълките. Те струват три лева и петдесет стотинки килото.

- Искам два банана, една диня, два килограма краставици и два моркова, моля.
- Заповядай, ето ти и рестото. Можеш ли да носиш толкова покупки? На колко си години?
- Мога, аз съм на дванадесет години.

불가리아 정교회의 모습

불가리아인들의 80% 이상이 불가리아 정교를 믿는다. 불가리아 전역에 퍼져 있는 불가리아 정교회는 이들에게 믿음의 산실이자 문화 유산이다.

РЕЧНИК КЪМ УРОК 4
4과 단어

- година, години – (명사) 해, 년
- месец, месеци, месеца – (명사) 달, 월
- януари – (명사) 1월
- февруари – (명사) 2월
- март – (명사) 3월
- април – (명사) 4월
- май – (명사) 5월
- юни – (명사) 6월
- юли – (명사) 7월
- август – (명사) 8월
- септември – (명사) 9월
- октомври – (명사) 10월
- ноември – (명사) 11월
- декември – (명사) 12월
- седмица, седмици – (명사) 주
- ден, дни, дена – (명사) 날, 일
- понеделник – (명사) 월요일
- вторник – (명사) 화요일
- сряда – (명사) 수요일
- четвъртък – (명사) 목요일
- петък – (명사) 금요일
- събота – (명사) 토요일
- неделя – (명사) 일요일
- днес – (명사) 오늘
- хубав, хубава, хубаво, хубави – (형용사) 좋은, 멋진
- пролет – (명사) 봄
- време, времена – (명사)
- обикновено – (부사) 보통, 일반적으로, 대개, 평소에, 통상적으로
- но – (접속사) 그런데, 그러나, 하지만
- вали, валят – (자동사) (비, 눈 등이) 오다, 내리다
- дъжд, дъждове – (명사) 비
- пазарувам, пазаруваш, пазарува, пазаруваме, пазарувате, пазаруват – (동사) 물건을 사다, 장을 보다, 쇼핑하다

- на – (전치사) ~의; ~에게; ~에
- магазин, магазини, магазина – (명사) 상점, 가게
- там – (부사) 거기(에), 그곳에; 저기(에), 저곳에
- плод, плодове, плода – (명사) 과일
- зеленчук, зеленчуци, зеленчука – (명사) 채소
- няма – (비인칭) 없다, 존재하지 않다
- дреха, дрехи – (명사) 옷
- хранителен, хранителна, хранително, хранителни – (형용사) 음식물의, 요리의; 식량의, 양식의
- улица, улици – (명사) 길
- друг, друга, друго, други – (형용사) 다른
- общо – (부사) 함께, 공동으로; 보편적으로, 일반적으로, 대개
- опашка, опашки – (명사) 줄, 열; 꼬리
- пред – (전치사) ~의 앞에, ~의 앞쪽에
- него – (인칭대명사) той의 목적격 그를, 그 사람을; 그에게
- след – (전치사) ~의 뒤에, 후에, 다음에
- висок, висока, високо, високи – (형용사) 높은, 큰
- от –(전치사) ~으로 부터, ~에서
- чакам, чакаш, чака, чакаме, чакате, чакат – (타동사) 기다리다
- накрая – (부사) 마침내 드디어, 결국, 끝내
- питам, питаш, пита, питаме, питате, питат – (타동사) 묻다, 질문하다
- извинете – (감탄사) 미안합니다, 실례합니다, 죄송합니다
- колко – (부사) 얼마, 얼마나 많이, 얼마 만큼
- час, ча̀са, часа̀ – (명사) 시간, 시
- и –(접속사) 그리고
- без – (전치사) ~이 없는, ~이 없이
- мач, мачове, мача – (명사) 경기, 게임
- почти –(부사) 거의, 대략
- цял, цяла, цяло, цели – (명사) 모든, 전부, 거의 다
- час, часове, ча̀са – (명사) 시간, 시
- минута, минути – (명사) 분; 즉시, 찰나; 순간
- започвам, започваш, започва, започваме, започвате, започват – (동사) 시작하다; 시작되다
- половина, половини – (수사) 반, 2분의
- добре – (소사) 좋습니다, 네.
- витрина, витрини – (명사) 진열창, 쇼윈도

- виждам, виждаш, вижда, виждаме, виждате, виждат – (타동사) 보다, 보이다
- диня, дини – (명사) 수박
- банан, банани, банана – (명사) 바나나
- морков, моркови, моркова – (명사) 당근
- портокал, портокали, портокала – (명사) 오렌지
- ябълка, ябълки – (명사) 사과
- круша, круши – (명사) 배
- череша, череши – (명사) 체리
- ягода, ягоди – (명사) 딸기
- домат, домати, домата – (명사) 토마토
- лук – (명사) 양파, 파
- краставица, краставици – (명사) 오이
- взема, вземеш, вземе, вземем, вземете, вземат; вземам, вземаш, взема, вземаме, вземате, вземат – (타동사) 잡다, 집어 올리다
- разглеждам, разглеждаш, разглежда, разглеждаме, разглеждате, разглеждат; разгледам, разгледаш, разгледа, разгледаме, разгледате, разгледат – (타동사) (자세히) 둘러보다, 보다, 훑어보다
- после – (부사) 후에, 나중에
- ред, редове, реда – (명사) 줄, 순서, 차례
- желая, желаеш, желае, желаем, желаете, желаят – (타동사) ~이기를 바라다, ~하고 싶다, 원하다, 희망하다
- струвам, струваш, струва, струваме, струвате, струват – (자동사) (값이) 나가다, (비용이) 들다
- килограм, килограми, килограма – (명사) 킬로그램, 킬로
- лев, левове, лева – (명사) 레프, 레바(불가리아의 화폐 단위)
- стотинка, стотинки – (명사) 스토틴카 (레바의 100분의 1)
- скъп, скъпа, скъпо, скъпи – (형용사) 비용이 드는; 값비싼, 고가의
- кило, кила – (명사) 킬로(그램)
- моля, молиш, моли, молим, молите, молят – (동사) 부탁하다, 청하다, 구하다, 바라다, 요구하다, 간청하다
- заповядай – (명령형) 여기 있습니다; 드십시오; 들어오십시오, 앉으십시오
- ето –(소사) 자, 여기
- ресто –(명사) 거스름돈, 잔돈
- нося, носиш, носи, носим, носите, носят – (타동사) 들다, 메다
- толкова – (대명사) 그만큼, 이만큼 (부사) 그렇게 이렇게 (감탄문) 이렇게

많이

- покупка, покупки – (명사) 구매; 구입품, 산 물건

불가리아에 있는 회교 사원의 첨탑

불가리아에는 회교 사원들도 곳곳에 존재하는 데 이것은 오스만 터키의 지배 잔재이다. 현재 불가리아에는 인구의 약 8%에 해당하는 터키계 회교도가 거주하고 있다.

ОБЯСНЕНИЯ КЪМ УРОК 4
4과 문법

1. 수사

Българските бройни числителни са следните.
불가리아 수사는 다음과 같다.

Числителен бройни имена от 1 до милион
един (човек) 한 (사람)
една (жена) 한 (여자)
едно (дете) 한 (아이)
два (банана) 두 개의 (바나나)
двама (мъже) 두 명의 (남자)
две (жени, деца) 두 명의 (여자, 아이들)
три (банана, жени, деца) 세 (바나나, 여자, 아이들)
трима (мъже) 3명의 (남자)
четири, четирима 4, 넷, 네 명
пет, петима 5, 다섯, 다섯 명
шест, шестима 6, 육, 여섯 명
седем, седмина 7, 일곱, 일곱 명
осем, осмина 8, 여덟, 여덟 명
девет 9, 구
десет 10, 열
единайсет (единадесет) 11, 열하나
дванайсет 12, 열 둘
тринайсет 13, 열 셋
четиринайсет 14, 열 넷
петнайсет 15, 열 다섯

шестнайсет 16, 열 여섯

седемнайсет 17, 열 일곱

осемнайсет 18, 열 여덟

деветнайсет 19, 열 아홉

двайсет (двадесет) 20, 스물

двайсет и един, двайсет и една, двайсет и едно 21, 스물 하나(남성, 여성, 중성)

двайсет и два / двайсет и две, двайсет и двама 22, 스물 둘(남성 / 중성, 여성) 스물 두 명

трийсет (тридесет) 30, 삼십

четирийсет 40, 사십

петдесет 50, 오십

шестдесет 60, 육십

седемдесет 70, 칠십

осемдесет 80, 팔십

деветдесет 90, 구십

сто 100, 백

сто и един, сто и една, сто и едно 101, 백 일(남성, 여성, 중성)

двеста 200, 이백

триста 300, 삼백

четиристотин 400, 사백

петстотин 500, 오백

шестстотин 600, 육백

седемстотин 700, 칠백

осемстотин 800, 팔백

деветстотин 900, 구백

хиляда 1000, 천

две хиляди 2000, 이천

три хиляди 3000, 삼천

сто хиляди 100,000 십만

милион 1,000,000 백만
два милиона 2,000,000 이백만
три милиона 3,000,000 삼백만
милиард 1,000,000,000 십억
два милиарда 2,000,000,000 이십억

Формата на бройните числителни е различна, когато се свързват с одушевени съществителни от мъжки род: два банана, два стола, но: двама мъже, трима учители. 위의 수사는 남성 활동체 명사와 결합하는 경우 또 다른 형태가 나타난다.

Съществителни имена от м.р. за лица		
единствено число	множествено число	бройна форма
мъж	двама мъже	-
	трима мъже	-

След числителни, неодушевените съществителни от мъжки род имат различна форма: един банан, много банани, но: два банана. 수사 뒤의 비 활동체 명사 남성은 가산 복수 형태라는 특수한 형태를 갖는다. 이 형태는 대부분 수사와 함께 오는 경우 후행 하는 명사에 a를 붙여서 만든다.

2. 형용사의 비교급과 최상급

Прилагателните имена могат да се степенуват: добър – по-добър, най-добър.
형용사는 비교급과 최상급 형태를 만들 수 있다. 다른 슬라브어들과 달리 불가리아어는 비교급에서 형용사 앞에 по-를 최상급에서는 형용사 앞에 най-를 붙여서 만든다.

Сравнителна и превъзходна степен на прилагателените имена		
положителна степен	сравнителна степен	превъзходна степен
добър	по-добър	най-добър

집시 모자

터키계 회교도 외에 불가리아에는 집시들이 거주하고 있다. 주거지가 일정한 집시들도 있고, 방랑하는 집시들도 있다. 필자가 불가리아에서 자료 수집 중 만난 코체 델체프 지역의 시메온 집시 모자

УРОК 5 Семейството на Стоян

ЧАСТ А

Семейството на Стоян е голямо. Той има баща, майка, баба, дядо, по-малък брат, по-голяма сестра, чичо и леля. Те живеят в къща. Баща му е инженер, майка му е учителка. Бръt му се казва Петър, а сестра му – Минка.

Когато го питат:

- Какво работи баща ти? - той казва:
- Баща ми е инженер. И аз искам да стана инженер.

В момента родителите и другите от Стояновото семейство влизат в кухнята. Там ще обядват. Те обикновено ядат в кухнята. Бащата на Стоят казва:

- Деца, измийте си ръцете и седнете на масата! Не яжте с мръсни ръце. Сядайте на своите места. Седнете, където седите винаги. Както свикнете да правите, когато сте малки, така ще правите, като пораснете. Петре, седни до дядо си, Минке, седни до баба си. Измивайте си ръцете, преди да седнете да ядете.

ЧАСТ В

И децата си мият ръцете, те се мият винаги. Само Стоян не си мие ръцете. Баща му вижда това и казва:

- Стояне, ти също трябва си миеш ръцете, трябва да се миеш. Моля те, измий си ръцете!
- Не обичам да си мия ръцете, не обичам да се мия.
- Винаги, когато ядем, виждам, че не искаш да си миеш ръцете. Ако ядеш с мръсни ръце, ще се разболееш. Ако те видя пак, ще те накажа!

  Децата се наяждат. Майка им казва:
- Обършете си устата със салфетките, не се бършете в покривката. Недейте да правите така. Нека да се храним като възпитани хора.

불가리아 전통의상

불가리아 전통의상은 붉은색과 하얀색으로 장식되어있고, 앞치마와 머리수건을 하고 있는 것이 특징이다. 하얀 블라우스 위에 새겨진 다양한 문양의 수는 슬라브 민족 고유의 문양으로 알려져 있다.

РЕЧНИК КЪМ УРОК 5
5과 단어

- семейство, семейства – (명사) 가족
- на – (전치사) ~의; ~에게; ~에
- голям, голама, голямо, големи – (형용사) 큰, 커다란, 대(大)...
- баща, бащи – (명사) 아버지
- майка, майки – (명사) 어머니
- баба, баби – (명사) 할머니
- дядо, дядовци – (명사) 할아버지
- малък, малка, малки –
- брат, братя – (명사) 형, 남동생
- сестра, сестри – (명사) 언니, 여동생
- чичо, чичовци – (명사) 삼촌
- леля, лели – (명사) 이모, 고모; 아주머니
- къща, къщи – (명사) 집
- инженер, инженери, инженера – (명사) 기술자, 엔지니어
- учителка, учителки – (명사) 여선생님
- когато – (접속사) ~할 때(에), ~하고 있을 때(에), ~하는 동안(에), ~하는 사이(에)
- го – (인칭대명사) той, то의 목적격, него의 단축형- 그를, 그 사람을; 그것을
- питам, питаш, пита, питаме, питате, питат – (타동사) 묻다, 질문하다
- работя, работиш, работи, работим, работите, работят – (동사) 일하다, 작업하다, 노동하다
- казвам, казваш, казва, казваме, казвате, казват – (타동사) 말하다
- стана, станеш, стане, станем, станете, станат; ставам, ставаш, става, ставаме, ставате, стават – (자동사) 일어나다; ~이 되다
- момент, моменти, момента – (명사) 순간, 찰나
- родител, родители – (명사) 부모님
- влизам, влизаш, влиза, влизаме, влизате, влизат; вляза, влезеш, влезе, влезем, влезете, влязат – (자동사) 들어가다
- кухня, кухни – (명사) 부엌
- обядвам, обядваш, обядва, обядваме, обядвате, обядват – (동사) 점심을 먹다
- обикновено – (부사) 보통, 일반적으로, 대개, 평소에
- ям, ядеш, яде, ядем, ядете, ядат; яж, яжте – (타동사) 먹다, 식사하다

- деца – (명사) 아이의 복수형
- измия си, измиеш си, измие си, измием си, измиете си, измият си; измий си, измийте си – (타동사) 깨끗이 씻다, 씻어내다
- седна, седнеш, седне, седнем, седнете, седнат; седни, седнете – (자동사) 앉다
- винаги – (부사) 항상, 늘, 언제나
- на – (전치사) ~의; ~에게; ~에
- маса, маси – (명사) 식탁, 탁자; 책상
- с – (전치사) ~을 사용(이용)하여, ~으로
- мръсен, мръсна, мръсно, мръсни – (형용사) 더러운, 지저분한
- сядам, сядаш, сяда, сядаме, сядате, сядат; сядай, сядайте – (자동사) 앉다
- свой, своя, свое, свои – (재귀 소유대명사) 자기의, 자신의, 자기 자신의
- место, места – (명사) 자리, 좌석
- където – (접속사) ~하는 곳 (형용사절의 관계부사로서) ~하는, ~한
- седя, седиш, седи, седим, седите, седят; седни, седнете – (자동사) 앉다, 착석하다
- както – (접속사) ~와 같이, ~처럼, ~만큼, ~대로, ~듯이
- свикна, свикнеш, свикне, свикнем, свикнете, свикнат – (자동사) 버릇이 들다(되다), 길들다; 적응하다, 익숙해지다
- правя, правиш, прави, правим, правите, правят; прави, правете – (타동사) 하다
- когато – (접속사) ~할 때(에), ~하고 있을 때(에), ~하는 동안(에), ~하는 사이(에)
- малък, малка, малко, малки – (형용사) 작은, 어린, 적은
- така – (부사) 이렇게, 이와 같이; 그러므로, 그래서; 그와 같은
- като – (접속사) ~하는 동안, ~하고 있을 때; ~때; ~후에; ~이므로, ~이니까; ~으로써
- порасна, порасниш, порасне, пораснем, пораснете, пораснат – (자동사) 크다, 커지다, 자라다
- до – (형용사) ~의 곁에, 옆에, ~까지
- си –(재귀 소유 대명사) свой의 단축형. 내, 자신의, 자기의
- измивам си, измиваш си, измива си, измиваме си, измивате си, измиват си; измивай си, измивайте си – (타동사) 깨끗이 씻다, 씻어내다
- преди –(전치사) 전에, 앞에, 보다 먼저;~의 앞에 (부사) 전에는, 이전에는
- само – (부사) ~만, 단지, 오직, 다만, 오로지

- също – (부사) 또한, 또, ~도, 역시, 마찬가지로
- трябва – (비인칭) ~해야 하다, ~할 필요가 있다
- обичам, обичаш, обича, обичаме, обичате, обичат – (타동사) 사랑하다, 좋아하다
- ако – (접속사) [가정, 조건] (만일)…이라면, (만약, 혹시) ~이라면
- разболея се, разболееш се, разболее се, разболеем се, разболеете се, разболеят се – (자동사) 병들다, 병에 걸리다, 앓다; (병에) 감염(전염)되다
- видя, видиш, види, видим, видите, видят; виж, вижте – (동사) 보다, 보이다
- пак – (부사) 다시, 또
- накажа, накажеш, накаже, накажем, накажете, накажат – (타동사) 벌하다, 처벌하다, 벌을 주다
- наяждам се, наяждаш се, наяжда се, наяждаме се, наяждате се, наяждат се; наям се, наядеш се, наяде се, наядем се, наядете се, наядат се; наяж се, наяжте се – (자동사) 실컷 먹다, 충분히 먹다, 배불리 먹다
- им – (인칭대명사) те의 여격- 그들에게, 그 사람들에게, 그것들에게
- (о)бърша си, (о)бършеш си, (о)бърше си, (о)бършем си, (о)бършете си, (о)бършат си; (о)бърши си, (о)бършете си – (타동사) 닦다, 닦아내다
- уста, усти – (명사) 입
- със – (전치사)~을 사용(이용)하여, ~으로
- салфетка, салфетки – (명사) 냅킨
- покривка, покривки – (명사) 식탁보, 덮개, 커버
- недей(те) – (자동사) (동사 앞에 쓰여서 부정 명령법을 만듦) ~하지 마라(말아라)
- нека – (소사) ~합시다, ~해 주세요, ~하여 주소서
- бъда, бъдеш, бъде, бъдем, бъдете, бъдат; бъди, бъдете – (자동사) 미래시제 ~이다; 있다
- възпитан, възпитана, възпитано, възпитани – (형용사) 교육을 잘 받은, 예절 바른; 행실이 좋은, 얌전한, 품위 있는, 정숙한
- храня се, храниш се, храни се, храним се, храните се, хранят се; храни се, хранете се – (자동사) 먹다, 식사하다
- като – (접속사) ~하는 동안, ~하고 있을 때; ~때; ~후에; ~이므로, ~이니까; ~으로써
- хора – (명사) човек의 복수형, 사람들

ОБЯСНЕНИЯ КЪМ УРОК 5
5과 문법

1. 동사의 상

Глаголите в българския език могат да изразяват многократни и еднократни действия. Обикновено на глагол, който изразява многократно действие, съответства глагол, който изразява еднократно действие. 불가리아어 동사로는 일회적 동작과 다회적 동작을 함께 나타낼 수 있다. 불가리아어에서는 이들 두 동사 종류가 각각 쌍을 이루는 경우가 일반적이다. 일회적 동작이나 수행의 완료를 나타내는 동사를 완료체라고 하고, 다회적이고 반복적이며 완료되지 않은 동작을 나타내는 동사를 불완료체 동사라고 한다. 다음 동사는 선행하는 것이 불완료체이고, 후행하는 것이 완료체이다.

Глаголите, които изразяват действие, което се повтаря много пъти, са от несвършен вид. 여러 번 반복하는 행위를 표현하는 동사는 불완료체 동사이다.

виждам, ям, чувам (всеки ден). 보다, 먹다, 듣다(매일)

Глаголите, които изразяват действие, което се извършва само веднъж, са от свършен вид, те обикновено се употребяват със спомагателна дума отпред. 단 한 번에 걸쳐 완료되는 행위를 표현하는 동사는 완료체 동사이다. 이 완료체 동사는 일반적으로 앞에 보조 동사와 함께 사용된다.

ако видя; искам да чуя; ще изям тортата.
만약 본다면; 듣기를 원한다; 케익을 다 먹겠다

несвршен вид	свършен вид	
виждам	видя	보다
чета	прочета	읽다
давам	дам	주다
хвърлям	хвърля	던지다
пия	изпия	마시다
купувам	купя	사다
стъпвам	стъпя	발을 딛다
идвам	дойда	오다
отивам	отида	가다
връщам се	върна се	돌아오다
тръгвам	тръгна	출발하다
спирам	спра	멈추다
минавам	мина	지나가다
влизам	вляза	들어가다
излизам	изляза	나가다
качвам се	кача се	올라타다

2. 동사의 명령법

Глаголните форми, които служат за изразяване на молба или заповед, са в повелително наклонение. 청원이나 명령을 나타내는 경우 동사 형태는 명령법 형태로 변한다.

▶예문

(нека) да се мия 내가 씻도록 하지

мий се 씻어라

(нека) да се мие 네가 씻도록 하지

(нека) да се мием 우리들이 씻도록 하지

мийте се 씻으세요

(нека) да се мият 그들이 씻도록 하지

(нека) да ям 내가 먹도록 하지
Яж 먹어라
(нека) да яде 네가 먹도록 하지
(нека) да ядем 우리들이 먹도록 하지
Яжте 드세요
(нека) да ядят. 그들이 먹도록 하지

Отрицателна заповед се изразява по следния начин. 부정 명령형은 다음과 같은 방식으로 표현된다

не яж(те), недей да ядеш, недейте да ядете, стига си ял, стига сте яли.

Полезни повелителни форми: 정중한 명령형 표현은 다음과 같다.

▶예문

вървете направо 앞으로 가세요.
тръгнете направо 앞으로 출발하세요.
завийте наляво, надясно 왼쪽, 오른쪽으로 도세요.
качете се на автобус № 5: 5번 버스를 타세요.
слезте на втората спирка 두 번째 정류장에서 내리세요.
минете оттук 여기를 지나가세요.
минете през парка 공원을 통과하세요.
попитайте пак 다시 물어보세요.
дайте ми ... 제게 주세요.
покажете ми 제게 보여주세요.

3. 호격

Много български имена и съществителни имат специална форма, която се използва при обръщение. 많은 불가리아어 호칭과 명사들은 부를 때 독특한 형태를 갖는다.

учител – учителю 선생님

директор – господин директоре 교장선생님

Иван – Иване 이반

Петър – Петре 뻬떠르

Минка – Минке 민까

Пепа – Пепо 뻬나

При някои имена звателната форма звучи неучтиво и не се препоръчва: Не звучи добре обаче и когато тя се пренебрегва: Някои имена нямат звателна форма.

몇몇 명사는 호격으로 이용하는 경우 존경의 의미를 나타내지 못하는 경우도 있고(Мария – Марийо), 오히려 그 반대의 경우도 있다(쓰지 않으면 비 우호적 뉘앙스를 보이는 경우, Иван – вместо Иване). 일부 명사에는 호격 형태가 없다(Христо – Христо!).

При някои съществителни в звателната форма настъпват звукови промени.

일부 경우에는 명사에 호격 어미가 붙음으로 해서 음성적 변화를 일으키기도 있다.

бог – боже (하나님), човек – човече (사람)

불가리아 결혼식

성당에서 행하여지는 현대적 불가리아 결혼식 장면. 신랑과 신부, 그리고 각각의 증인들과 화동들의 모습이 이채롭다.

УРОК 6 За България I

ЧАСТ А

Стоян и Петър участват в телевизионна игра. Водещият им задава въпроси, а те отговарят. Темата е “История и география на България”. И двамата много обичат историята и географията. Всеки участник трябва да отговори на няколко въпроса. Всички участници са ученици.

Първият въпрос е лесен: “Можете ли да ми кажете кога възниква българската държава?”

Всяка ученичка и всеки ученик знае отговора: “През шестстотин осемдесет и първа година.”

Вторият въпрос е по-труден: “Как възниква съвременната българска народност?”

Стоян и Йорданка са в един отбор. Тя го пита:

- Знаеш ли нещо?
- Не знам нищо – отговаря Стоян.

Никой не може да отговори. Никой ученик и никоя ученичка. Най-накрая някой се сеща и отговаря:

- Съвременната българската народност възниква след като се смесват различни народи: българи, славяни, траки, македонци, келти, готи, кумани.

ЧАСТ В

Водещият пита отново различни въпроси – трети, четвърти, ... пети, ... десети, а децата отговарят:

- Знаете ли къде се намира България?
- България се намира в югоизточна Европа, на Балканския полуостров.
- Колко морета има България?
- Сега България има само едно море – Черно море.
- Кои са най-големите български планини?
- Най-големите български планини са Стара планина, Родопите, Рила, Пирин, Странджа.
- Кои са най-големите български равнини?
- Тракия и Дунавската равнина.

- Защо българският народ не изчезва, макар да преживявя толкова тежки моменти?
- Въпреки че преживява много чужди нашествия, българският народ не изчезва, защото е храбър. Освен това българите имат свои книги, затова нашествениците не могат да го претопят.
- Кой създава българските книги?
- Кирил и Методий създават първите български книги.
- С кои страни граничи България?
- На север България граничи с Румъния, на юг – с Гърция и Турция, на запад – със Сърбия и с Македония, на изток – с Черно море.

След играта всички са доволни, защото се представят отлично и получават много награди. Най-много се радват Стоян и Йорданка, защото печелят първото място.

불가리아 소피아의 무명용사 헌화대

소피아에 있는 무명용사 탑과 헌화대. 일년내내 추모 불꽃이 타오르고 있다.

РЕЧНИК КЪМ УРОК 6
6과 단어

- участвам, участваш, участва, участваме, участвате, участват; участвай, участвайте – (자동사) 참가하다, 참여하다, 참석하다
- телевизионен, телевизионна, телевизионно, телевизионни – (형용사) 텔레비전의, 텔레비전 방송의
- игра, игри – (명사) 장난, 놀이, 오락; 경기, 시합, 게임
- водещ, водещи – (형용사) 이끄는, 유도하는; 인도하는, 안내하는
- задавам, задаваш, задава, задаваме, задавате, задават; задай, задайте – (타동사) (질문을) 하다, 제기하다, 던지다, 내다, 묻다
- въпрос, въпроси, въпроса – (명사) 물음, 질문, 문제
- а – (접속사) 그런데, 그렇지만, 하지만
- отговарям, отговараш, отговаря, отговаряме, отговаряте, отговарят; отговори, отговорете – (타동사) 대답하다
- тема, теми – (명사) 주제, 테마; 화제
- история – (명사) 역사학, 사학; 역사
- география – (명사) 지리학
- България – (명사) 불가리아
- много – (부사) 많은, 매우, 아주
- всеки, всяка, всяко, всичко, всички – (대명사) 각자, 각기, 각자 모두, 누구든지
- участник, участници – (명사)참가자, 참여자, 참석자
- отговор, отговори, отговора – (명사) 답, 해답, 답변
- няколко – (대명사) 몇몇의, 수개의, 몇 명의, 몇 번의; 약간의, 얼마간의
- първи, първа, първо, първи – (수사) 첫째, 첫 번째; 최초
- лесен, лесна, лесно, лесни – (형용사) 쉬운, 단순한, 간단한
- кажа, кажеш, каже, кажем, кажете, кажат; кажи, кажете – (타동사) 말하다
- кога – (부사) 언제 (관계대명사) ~할 때, ~때
- възниквам, възникваш, възниква, възникваме, възниквате, възникват – (자동사) 생기다, 일어나다, 발생하다, 떠오르다
- български, българска, българско, български – (형용사) 불가리아의
- държава, държави – (명사) 나라, 국가
- зная, знаеш, знае, знаем, знаете, знаят – (타동사) 알다
- през – (전치사) ~을 통해서, ~을 지나서; ~ 동안에

- втори, втора, второ, втори – (서수) 제2의, 두 번째의
- труден, трудна, трудно, трудни – (형용사) 어려운, 힘든
- как – (부사) 어떻게, 어떤 방법으로
- съвременен, съвременна, съвременно, съвременни – (형용사) 동시대의, 현대의
- народност, народности – (명사) 국적; 민족성, 국민성; (역사적으로 형성된) 국민, 민족, 국가
- отбор, отбори, отбора – (명사)팀, 조
- питам, питаш, пита, питаме, питате, питат; питай, питайте – (타동사) 묻다, 질문하다
- нещо – (명사) 무엇인가, 어떤 것, 어떤 일
- нищо – (명사) 존재하지 않는 것, 없음; 아무 것도, 아무 일도
- отговарям, отговаряш, отговаря, отговаряме, отговаряте, отговарят; отговаряй, отговаряйте – (타동사) 대답하다
- никой, никоя, никое, никои – (부정인칭대명사-주격으로 사람에게만 쓰임) 아무도 (~않다), 누구도 (~않다)
- най-накрая – (부사) 마침내, 결국, 최후로, 드디어
- някой, някоя, някое, някои – (부정대명사) 어떤 사람, 누군가; 무언가, 어떤 것
- сещам се, сещаш се, сеща се, сещаме се, сещате се, сещат се; сещай се, сещайте се – (자동사) 생각이 나다, 생각이 떠오르다, 깨닫다; 추측하다, 알아맞히다; 기억나다, 상기하다
- след като – (접속사) ~한 뒤에, ~하고 나서
- смесвам се, смесваш се, смесва се, смесваме се, смесвате се, смесват се – (자동사) 섞이다, 혼합되다; 뒤섞이다
- различен, различни – (형용사)다른, 딴; 별개의, 같지 않은, 틀린 (복수) 다양한, 여러가지의, 여러, 많은
- народ, народи, народа – (명사) 국민; 민족, 종족; 백성
- българин, българи, българина – (명사) 불가리아인
- славянин, славяни – (명사) 슬라브인, 슬라브족
- тракиец, траки – (명사) 트라키야 사람
- македонец, македонци, македонеца – (명사) 마케도니아인
- келт, келти – (명사) 켈트 사람, 켈트족
- гот, готи – (명사) 고트 사람, 고트족
- куманин, кумани – (명사) 쿠만족
- отново – (부사) 다시, 또, 다시 한 번

· намирам се, намираш се, намира се, намираме се, намирате се, намират се –(자동사) ~에 있다, 위치하다
· югоизточен, югоизточна, югоизточно, югоизточни – (형용사) 동남, 남동, 동남쪽, 남동쪽
· Европа – (명사) 유럽
· Балкански полуостров – (명사) 발칸 반도
· море, морета – (명사) 바다
· сега – (부사) 지금, 이제, 현재
· само – (부사) ~만, 단지, 오직, 다만, 오로지
· Черно море – (명사) 흑해
· планина, планини – (명사) 산, 산맥
· равнина, равнини – (명사) 평지, 평원, 벌판, 광야
· защо – (부사) 왜, 어째서, 무슨 일로
· изчезвам, изчезваш, изчезва, изчезваме, изчезвате, изчезват – (자동사) 사라지다, 없어지다, 안 보이게 되다, 자취를 감추다
· макар – (소사) 최소한, 적어도, ~만이라도
· преживявям, преживяваш, преживява, преживяваваме, преживявате, преживяват – (동사) 느끼다; 경험하다, 체험하다 (자동사) 살다, 생활하다; 겪어내다, 견디다, 인내하다
· толкова – (대명사) 그만큼, 이만큼 (부사) 그렇게 이렇게 (감탄문) 이렇게 많이
· тежък, тежка, тежко, тежки – (형용사) 무거운; 힘든, 어려운, 고된
· въпреки че – 비록 ~일지라도, ~이기는 하지만
· чужд, чужда, чуждо, чужди – (형용사) 타인의, 남의; 낯선,; 외국의, 이국의
· нашествие, нашествия – (명사) 침입, 침략
· защото – (접속사) 왜냐하면, ~때문에, ~이니까
· храбър, храбра, храбро, храбри – (형용사) 용기 있는, 용감한, 용맹스러운
· освен това – 게다가, 더군다나, 그 위에, 더욱이
· книга, книги – (명사) 책; 문자
· затова – (부사) 그래서, 그 때문에; 그러므로
· нашественик, нашественици, нашественика – (명사) 침략군, 침략자, 침입자; 습격자
· претопя, претопиш, претопи, претопим, претопите, претопят; претопявам, претопяваш, претопява, претопяваме, претопявате, претопяват –(동사) 동화(융화)시키다
· създавам, създаваш, създава, създаваме, създавате, създават – (타동

사) 만들다; 이루다; 설립하다, 창립하다, 창시하다

- страна, страни – (명사)나라, 국가
- гранича, граничиш, граничи, граничим, граничите, граничат – (자동사) 국경을 접하다, 접경하다, 인접하다
- север – (명사) 북, 북쪽, 북부
- Румъния – (명사) 루마니아
- юг – (명사) 남, 남쪽, 남부
- Гърция – (명사) 그리스
- Турция – (명사) 터키
- запад – (명사) 서, 서쪽, 서부
- Сърбия – (명사) 세르비아
- Македония – (명사) 마케도니아
- изток – (명사) 동, 동쪽, 동부
- след – (전치사) ~의 뒤에, 후에, 다음에
- доволен, доволна, доволно, доволни – (형용사) 만족스러운, 흡족한
- представя се, представиш се, представи се, представим се, представите се, представят се; представям се, представяш се, представя се, представяме се, представяте се, представят се – (자동사) 오다, 나타나다, 출두하다; 자신을 소개하다; 생기다, 발생하다
- отлично – (부사) 아주 잘, 뛰어나게, 우수하게, 훌륭히; 완벽히, 완전히
- получавам, получаваш, получава, получаваме, получавате, получават; получа, получиш, получи, получим, получите, получат – (타동사) 받다, 가지다; 따다, 획득하다, 타다, 얻다
- награда, награди – (명사) 포상, 상; 보수
- радвам се, радваш се, радва се, радваме се, радвате се, радват се; радвай се, радвайте се – (자동사)기뻐하다, 만족해하다, 즐거워하다, 반기다; 좋아하다
- печеля, печелиш, печели, печелим, печелите, печелят – (타동사) 얻다, 벌다, 획득하다

불가리아의 전통 목조 가옥

불가리아 남부의 전통 목조 가옥으로 바람에 강한 특성을 갖고 있다. 스몰랸 근교의 가옥이다.

ОБЯСНЕНИЯ КЪМ УРОК 6
6과 문법

1. 서수사

Редните числителни в българския език са следните. 불가리아어의 서수는 다음과 같다. 이들은 형용사와 같이 남성, 여성, 중성이 있고, 후치 관사도 동반하여 쓸 수 있다.

Числители редни				
I	първи	първа	първо	първи
II	втори	втора	второ	втори
III	трети	трета	трето	трети
...	...	...	...	...

▶예문

първи участник, първият участник 첫 번째 참가자(남성)
първа участничка, първата участничка 첫 번째 참가자(여성)
първо участие, първото участие 첫 번째 참가(중성)
първи срещи, първите срещи 첫 번째 만남(복수)
втори, втора, второ, втори 제2의, 두 번째의
трети, трета, трето, трети 제3의, 세 번째의
четвърти 제4의, 네 번째의
пети 제5의, 다섯 번째의
шести 제6의, 여섯 번째의
седми 제7의, 일곱 번째의
осми 제8의, 여덟 번째의
девети 제9의, 아홉 번째의
десети 제10의, 열 번째의

единайсти 제11의, 열한 번째의

двайсти 제20의, 스무 번째의

двайсет и първи 제21의, 스물 한 번째의

петдесети 제50의, 오십 번째의

стотен 제100의, 백 번째의

сто и първи 제101의, 백한 번째의

хиляден 제1000의, 천 번째의

2. 대명사

Таблица на някои видове местоимения.
대명사 형태는 다음과 같다.

Въпросителни, обобщителни и неопределителни местоимения		
въпросителни/отрицателни	обобщителни	неопределителни
кой/ никой	всеки	някой
коя/ никоя	всяка	някоя
кое/ никое/ нищо	всяко/ всичко	някое/ нещо
кои/ никои	всички	някои

УРОК 7 За България Ⅱ

ЧАСТ А

Климатът в България е добър, затова там живеят различни животни и растат различни растения. Във високите планини има гъсти гори. В тях растат дървета. Пред дърветата и зад тях растат храсти. След дъжд до храстите никнат гъби. Някои дървета имат листа през цялата година. Листата на други започват да се появяват напролет и падат през есента. В полето има трева. Когато има вода, тревата е висока. Когато има дъжд, тревата расте високо. Щом няма влага, тревата спира да расте. Цветята започват да цъфтят през пролетта, продължават да цъфтят през лятото и спират да цъфтят през есента.

ЧАСТ В

Едно от най-бързите животни в България е вълкът. Той е много бърз. Лисицата също е бързо животно. И вълкът, и лисицата бягат бързо. Но вълкът е по-бърз от лисицата. Конят е силно животно, конят е силен. Най-бавното животно е охлювът. Той пълзи бавно по тревата. Охлювът е бавен. Преди дъжд той не се появява, но по време на дъжда излиза от някоя дупка в земята.

РЕЧНИК КЪМ УРОК 7
7과 단어

- климат – (명사) 기후, 풍토
- добър, добра, добра, добри – (형용사)착한, 친절한; 좋은
- живея, живееш, живее, живеем, живеете, живеят – (자동사) 살다
- животно, животни – (명사) 동물, 짐승
- раста, растеш, расте, растем, растете, растат – (자동사) 자라다, 크다, 커지다, 성장하다
- растение, растения – (명사) 식물
- висок, висока, високо, високи – (형용사) 높은, 큰
- планина, планини – (명사) 산, 산맥
- гъст, гъста, гъсто, гъсти – (형용사) 울창한, 밀집한, 빽빽한
- гора, гори – (명사) 숲, 산림지
- тях – (대명사) 목적격 – 그들을, 그것들을
- дърво, дървета – (명사) 나무
- пред – (전치사) ~의 앞에, ~의 앞쪽에
- зад – (전치사) 뒤에; ~의 뒤쪽에
- храст, храсти, храста – (명사) 덤불, 관목
- след – (전치사) ~의 뒤에, 후에, 다음에
- дъжд, дъждове – (명사) 비
- до – (형용사) ~의 곁에, 옆에, ~까지
- никна, никнеш, никне, никнем, никнете, никнат – (자동사) 싹이 트다(나다, 돋다), 발아하다
- гъба, гъби – (명사) 버섯
- лист, листа – (명사) 잎, 나뭇잎
- цял, цяла, цяло, цели – (형용사) 전체의, 꼬박, 꼭, 모든
- започвам, започваш, започва, започваме, започвате, започват; започна, започнеш, започне, започнем, започнете, започнат – (동사)시작하다, 시작되다
- появявам се, появяваш се, появява се, появяваме се, появявате се, появяват се; появя се, появиш се, появи се, появим се, появите се, появят се – (자동사)나타나다, 나오다, 출현하다, 보이게 되다
- напролет – (부사) 봄에
- падам, падаш, пада, падаме, падате, падат – (자동사)떨어지다, 낙하하다; 넘어지다; 잎이 떨어지다, 지다
- есента – (명사) 가을, 가을철

- поле, полета – (명사) 들, 들판
- трева, треви – (명사) 풀, 잔디
- когато – (접속사) ~할 때(에), ~하고 있을 때(에), ~하는 동안(에), ~하는 사이(에)
- вода, води – (명사) 물
- висок, висока, високо, високи – (형용사) 높은, 큰
- щом – (접속사) ~하자마자; ~이기 때문에, ~아서, ~(으)니
- влага – (명사)축축함, 습기
- спирам, спираш, спира, спираме, спирате, спират – (동사) 멈추다, 서다; 세우다, 멈추게 하다, 정지시키다
- цвете, цветя – (명사) 꽃
- цъфтя, цъфтиш, цъфти, цъфтим, цъфтите, цъфтят – (자동사) 꽃이 피다, 개화하다
- продължавам, продължават, продължава, продължаваме, продължавате, продължават – (타동사) 길게 하다; 계속하다, 지속하다 (자동사) 계속되다
- лято – (명사) 여름
- есен – (명사) 가을
- бърз, бърза, бързо, бързи – (형용사) 빠른, 재빠른, 신속한, 기민한
- вълк, вълци, вълка – (명사) 늑대
- лисица, лисици – (명사) 여우
- също – (부사) 또한, 또, ~도, 역시, 마찬가지로
- бягам, бягаш, бяга, бягаме, бягате, бягат; бягай, бягайте – (자동사) 도망치다; 달리다, 뛰다
- бързо – (부사) 빨리, 속히, 신속히, 잽싸게, 서둘러 급히, 재빨리; 곧, 즉시
- кон, коне, коня – (명사) 말
- силно – (부사) 강하게, 힘껏; 매우, 크게
- бавно – (부사) 천천히, 느리게, 느릿느릿
- охлюв, охлюви, охлюва – (명사) 달팽이
- пълзя, пълзиш, пълзи, пълзим, пълзите, пълзят – (자동사) 기다, (가만가만) 기어가다; 느릿느릿 걷다, 천천히 지나가다
- бавно – (부사) 천천히, 느리게, 느릿느릿
- появявам се, появяваш се, появява се, появяваме се, появявате се, появяват се – (자동사)나타나다, 나오다, 출현하다, 보이게 되다
- по време на – ~하는 동안, ~하는 기간 동안
- излизам, излизаш, излиза, излизаме, излизате, излизат – (자동사) 나가다, 나오다
- дупка, дупки – (명사) 구멍, 움푹한 곳, 구덩이
- земя – (명사) 흙, 땅, 대지; 지구

ОБЯСНЕНИЯ КЪМ УРОК 7
7과 문법

1. 부사

Наречията са думи, които поясняват глаголното действие. Обикновено се образуват от прилагателни имена с окончания -о и –е. 부사는 동사의 행위를 설명해주는 단어들이다. 일반적으로 형용사에 어미 –о, -е 를 붙여서 만든다.

▶예문

бърза кола 빠른 자동차

бърз влак 빠른 기차

бързо куче 빠른 강아지, но: Бягам бързо. 빠르게 달려간다.

добър човек 선한 사람

добра жена 선한 여자

добро дете 선한 아이, но: Работя добре. 일을 잘한다.

Наречията също могат да се степенуват.
부사도 비교급과 최상급으로 쓰일 수 있다.

Работя добре -по-добре - най-добре.
일을 잘 - 더 잘 - 제일 잘 한다.

Срещат се и наречия, които имат специални форми. 다음과 같이 특히한 형태를 갖는 부사들도 있다.

напролет, наесен, вчера, днес, утре.
봄에, 가을에, 어제, 내일

УРОК 8 Работен ден на Петър

ЧАСТ A

Всяка сутрин, след като се събуди, Петър става рано и се приготвя за училище. Мие се – мие си лицето, врата и ушите, сресва се, облича се, обува си чорапите, закусва и отива на училище. След като се върне от училище, той обядва, почива, учи си уроците и гледа телевизия.

Когато беше по-малък, той не правеше така. Не ставаше рано и не се миеше. Но сега е ученик. Вчера той също стана рано и се изми. Първо изми ръцете и лицето си. После отвори устата си и си изми зъбите. Накрая изми и краката си. Докато се миеше, майка му му приготвяше закуска. Когато майка му приготви закуската, той седна на масата и започна да закусва.

ЧАСТ B

Но днес след закуска Петър не отиде на училище, защото се чувстваше зле. Болеше го главата, болеше го гърлото и имаше температура. Колената му трепереха. Майка му го заведе на лекар.

Лекарят погледна езика му, пипна челото и корема му, после почука гърба му. Преслуша го със слушалките и му премери температурата. Накрая докторът каза, че Петър е болен от грип. Изписа му лекарства и каза да пие топъл чай и да не излиза откъщи.

РЕЧНИК КЪМ УРОК 8
8과 단어

- сутрин – (명사) 아침 (부사) 아침에
- след като – (접속사) ~한 뒤에, ~하고 나서
- събудя се, събудеш се, събуди се, събудим се, събудите се, събудят се; събуждам се, събуждаш се, събужда се, събуждаме се, събуждате се, събуждат се; събуди се, събудете се – (자동사) (잠에서) 깨다, 눈뜨다
- ставам, ставаш, става, ставаме, ставате, стават; ставай, ставайте – (자동사) 일어나다
- рано – (부사) 일찍(이), 일찌감치, 이르게
- приготвям се, приготвяш се, приготвя се, приготвяме се, приготвяте се, приготвят се – (자동사) 준비하다, 채비하다
- училище, учелеща – (명사) 학교
- мия се, миеш се, мие се, мием се, миете се, мият се; мий се, мийте се – (자동사) (얼굴이나 손을) 씻다, 닦다
- лице, лица – (명사) 얼굴
- врат, вратове – (명사) 목
- ухо, уши – (명사) 귀
- сресвам се, сресваш се, сресва се, сресваме се, сресвате се, сресват се; сресвай се, сресвайте се – (자동사) 머리를 빗다
- обличам се, обличаш се, облича се, обличаме се, обличате се, обличат се – (자동사) 옷을 입다, 착복하다
- обувам си, обуваш си, обува си, обуваме си, обувате си, обуват си – (타동사) 입다, 착용하다, 신다
- чорап, чорапи, чорапа – (명사) 양말
- закусвам, закусваш, закусва, закусваме, закусвате, закусват; закусвай, закусвайте – (자동사) 아침식사를 하다, 아침을 먹다
- отивам, отиваш, отива, отиваме, отивате, отиват; отивай, отивайте – (자동사) 가다
- след като – (접속사) ~한 뒤에, ~하고 나서
- върна се, върнеш се, върне се, върнем се, върнете се, върнат се; връщам се, връщаш се, връща се, връщаме се, връщате се, връщат се; върни се, върнете се – (자동사) 돌아가다, 돌아오다
- от – (전치사) ~으로부터, ~에서
- обядвам, обядваш, обядва, обядваме, обядвате, обядват – (동사) 점심을 먹다

- почивам, почиваш, почива, почиваме, почивате, почиват – (자동사) 쉬다, 휴식하다
- уча, учиш, учи, учим, учите, учат – (타동사) 배우다
- гледам, гледаш, гледа, гледаме, гледате, гледат – (타동사) (주의해서) 보다, 바라보다, 쳐다보다
- телевизия – (명사) 텔레비전 방송
- сега – (부사) 지금, 이제, 현재
- вчера – (부사) 어제
- също – (부사) 또한, 또, ~도, 역시, 마찬가지로
- стана, станеш, стане, станем, станете, станат; стани, станете – (자동사) 일어나다; ~이 되다
- измия се, измиеш се, измие се, измием се, измиете се, измият се – (자동사) (자신의 손, 얼굴 등을) 깨끗이 씻다
- първо – (부사) 먼저, 우선; 첫째로
- после – (부사) 후에, 나중에
- отворя, отвориш, отвори, отворим, отворите, отворят; отвори, отворете – (타동사) 열다
- зъб, зъби – (명사) 이, 치아
- накрая – (부사) 마침내 드디어, 결국, 끝내
- крак, кракà, кракà – (명사) 다리
- докато – (접속사) ~하는 동안(에), 하는 사이(에), 하는 중에
- му – (인칭대명사) той, то의 여격- 그에게, 그한테, 그 사람에게
- приготвям, приготвяш, приготвя, приготвяме, приготвяте, приготвят – (타동사) 준비하다, 마련하다
- закуска, закуски – (명사) 아침, 아침식사
- седна, седнеш, седне, седнем, седнете, седнат; седни, седнете – (자동사) 앉다
- маса, маси – (명사) 탁자, 식탁; 책상
- започна, започнеш, започне, започнем, започнете, започнат; започвам, започваш, започва, започваме, започвате, започват; започвай, започвайте – (동사) 시작하다, 시작되다
- но – (접속사) 그런데, 그러나; 하지만
- отида, отидеш, отиде, отидем, отидете, отидат; отивам, отиваш, отива, отиваме, отивате, отиват; отиди, отидете – (자동사) 가다
- чувствам се, чувстваш се, чувства се, чувстваме се, чувствате се, чувстват се – (자동사) 느낌이 들다, 기분이 들다; 느끼다
- зле – (부사) 몸이 편치 않은, 기분이 좋지 않은; 나쁘게

- боли, болят – (자동사) 아프다, 통증이 있다
- глава, глави – (명사) 머리
- гърло, гърла – (명사) 목, 목구멍
- температура – (명사) 온도, 체온, 열
- коляно, колена – (명사) 무릎
- треперя, трепериш, трепери, треперим, треперите, треперят – (자동사) (몸이) 덜덜 떨다(떨리다), 와들거리다, 몸서리치다
- заведа, заведеш, заведе, заведем, заведете, заведат – (타동사) 데리고 가다, 데려가다
- лекар, лекари – (명사) 의사
- погледна, погледнеш, погледне, погледнем, погледнете, погледнат – (타동사) 보다, 쳐다보다, 지켜보다; 살펴보다
- език, езици, езика – (명사) 혀
- пипна, пипнеш, пипне, пипнем, пипнете, пипнат; пипни, пипнете – (타동사) 만지다, 대다, 닿다, 촉진(觸診)하다
- чело, чела – (명사) 이마
- корем, кореми, корема – (명사) 배
- почукам, почукаш, почука, почукаме, почукате, почукат – (타동사) 두드리다, 타진하다
- гръб, гърбове – (명사) 등
- преслушам, преслушаш, преслуша, преслушаме, преслушате, преслушат – (타동사) 청진하다, 타진하다
- слушалка, слушалки – (명사) 청진기
- премеря, премериш, премери, премерим, премерите, премерят – (타동사) 재다, 측정하다
- температура – (명사) 온도, 체온, 열
- накрая – (부사) 마침내 드디어, 결국, 끝내
- кажа, кажеш, каже, кажем, кажете, кажат; казвам, казваш, казва, казваме, казвате, казват; кажи, кажете – (타동사) 말하다
- болен, болна, болно, болни – (형용사) 아픈
- грип – (명사) 유행성 감기, 독감, 감기
- изпиша, изпишеш, изпише, изпишем, изпишете, изпишат; изписвам, изписваш, изписва, изписваме, изписвате, изписват – (타동사) 쓰다, 기록하다
- лекарство, лекарства – (명사) 약
- пия, пиеш, пие, пием, пиете, пият; пий, пийте – (타동사) 마시다
- топъл, топла, топло, топли – (형용사) 따뜻한

- чай, чайове – (명사) 차
- излизам, излизаш, излиза, излизаме, излизате, излизат; излезна, излезнеш, излезне, излезнем, излезнете, излезнат; излезни, излезнете – (자동사) 나가다, 나오다
- откъщи – 집으로부터

불가리아 대통령궁 앞의 근위병

소피아 시대, 대통령궁을 지키는 근위병들의 모습. 불가리아는 대통령과 수상이 권력을 나누고 있는 혼합형 통치체제를 갖추고 있다.

ОБЯСНЕНИЯ КЪМ УРОК 8
8과 문법

1. 동사의 시제: 아오리스트와 임퍼펙트

Освен сегашно и в бъдеще време, българските глаголи имат и други времена. Две от тях са минало свършено и минало несвършено. По семантика те наподобяват английските Past Simple Tense и Past Progressive Tense. Първото показва завършено действие, извършено в минал момент, а второто – продължително минало действие.
현재와 미래 시제 외에 불가리아어 동사에는 다른 시제들이 다양하게 존재한다. 그중 두 가지가 과거 아오리스트 시제와 임퍼펙트 시제이다. 아오리스트는 영어로는 past simple tense와 past progressive tense라고 하는데 과거 시점에서 행위가 수행된 것을 의미하고, 임퍼펙트는 과거의 지속적 동작을 의미한다.

▶예문

вчера пих чай, вчера си изпих чая
어제 차를 마셨다, 어제 차를 다 마셨다
тогава пиех чай, тъкмо си изпивах чая
그때 차를 미시고 있었다, 방금 차를 다 마셨다.

Ето склонението на два глагола в минало свършено и в минало несвършено време. 다음은 두 가지 대표적 동사의 아오리스트와 임퍼펙트 형태이다.

минало свършено 아오리스트	**минало несвършено** 임퍼펙트
аз пих	аз пиех
ти пи	ти пиеше
той пи	той пиеше
тя пи	тя пиеше
то пи	то пиеше
ние пихме	ние пиехме

вие пихте	вие пиехте
те пиха	те пиеха

При някои глаголи се срещат звукови промени. 일부 동사에서는 음성적 변화가 일어난다.

бях	търпях	четях
беше	търпеше	четеше
беше	търпеше	четеше
бяхме	търпяхме	четяхме
бяхте	търпяхте	четяхте
бяха	търпяха	четяха

При някои глаголи може да има съвпадение на форми. 일부 동사에서는 두 시제의 형태가 일치하기도 한다.

минало свършено	**минало несвършено**
аз *чаках*	аз *чаках*
ти чака̀	ти чакаше
той чака̀	той чакаше
тя чака̀	тя чакаше
то чака̀	то чакаше
ние *чакахме*	ние *чакахме*
вие чакахте	вие чакахме
те *чакаха*	те *чакаха*.

УРОК 9 България и Корея

България и Корея са страни, които си приличат по история, географско положение и климат. Двете държави се намират приблизително на еднаква географска ширина. Както корейците могат да се похвалят с дълга история, така могат и българите. Историята на едната страна познава събития, каквито се срещат и в историята на другата страна. Човек от България, лесно може да живее и в Корея. Човек, когото попитат дали знае чия история е по-стара, ще отговори:

- Зная, че България е страна, която има стара история – хиляда и триста години. Но също така знам, че корейската история е още по-дълга – около пет хиляди години.

България е страна, чийто климат е подобен на корейския. Но в Корея е по-влажно през лятото и по-ветровито през зимата. Колкото корейците се гордеят със своята страна, толкова се гордеят и българите със своята.

불가리아 국립도서관과 끼릴-메토디 형제 동상

슬라브 문자를 최초로 창제한 사제들로 불가리아인들의 문화적 자부심의 원천이다. 일년 내내 이들 동상 앞에는 존경심을 표하는 꽃들로 가득하다.

РЕЧНИК КЪМ УРОК 9
9과 단어

- страна, страни – (명사) 나라, 국가
- който, която, което, които – (관계대명사) ~하는 (사람, 것); ~하는 사람은 누구나; ~은, ~이라는 것은
- приличам си, приличаш си, прилича си, приличаме си, приличате си, приличат си – (자동사) 닮다, 비슷하다
- географски, географска, географско, географски – (형용사) 지리학(상)의, 지리(학)적인
- положение, положения – (명사) 자세, 포즈; 위치; 상태, 상황
- климат – (명사) 기후, 풍토
- държава, държави – (명사) 나라, 국가
- намирам се, намираш се, намира се, намираме се, намирате се, намират се – (자동사) ~에 있다, 위치하다
- приблизително – (부사) 대략, 대체로, 거의, 대충, 대강
- еднакъв, еднаква, еднакво, еднакви – (형용사) 서로 같은, 비슷한, 동일한
- ширина, ширини – (명사) 폭, 너비, 넓이
- както – (접속사) ~와 같이, ~처럼, ~만큼; ~와 마찬가지로, ~도
- мога, можеш, може, можем, можете, могат – (자동사)~할 수 있다, ~해도 좋다
- похваля се, похвалиш се, похвали се, похвалим се, похвалите се, похвалят се – (자동사) 조금(가끔) 자랑하다
- с – (전치사)~을 사용(이용)하여, ~으로
- дълъг, дълга, дълго, дълги – (형용사) 긴, 기다란
- така – (부사) 이렇게, 이와 같이; 그러므로, 그래서; 그와 같은
- познавам, познаваш, познава, познаваме, познавате, познават – (타동사) 알다, 알아채다, 구별하다, 분간하다, 식별하다
- събитие, събития – (명사) 사건, 일어난 일, 사고
- какъвто, каквато, каквото, каквито – (대명사) ~하는 일, ~하는 것; ~하기 때문에, ~해서
- срещам се, срещаш се, среща се, срещаме се, срещате се, срещат се – (자동사) 만나다, 마주치다
- човек, хора – (명사) 사람
- лесен, лесна, лесно, лесни – (형용사) 쉬운, 용이한, 간단한
- когото – (접속사) ~하는(한) 사람

- попитам, попиташ, попита, попитаме, попитате, попитат; попитай, попитайте – (타동사) 묻다, 질문하다
- дали – (소사) ~을까/(접속사) ~인지 어떤지
- чий, чия, чие, чии – (대명사) 누구의
- стар, стара, старо, стари – (형용사) 나이 먹은, 늙은; 오래된; 옛날의
- отговоря, отговориш, отговори, отговорим, отговорите, отговорят – (타동사) 대답하다
- зная, знам, знаеш, знае, знаем, знаете, знаят – (타동사) 알다
- че – (종속접속사)
- също – (부사) 또한, 또, ~도, 역시, 마찬가지로
- още – (부사) 더, 더 많이; 아직; 이미, 벌써
- около – (전치사) ~의 둘레에; ~에 관하여; 대략, 대강, ~쯤, ~정도
- чийто, чиято, чието, чиито – (관계대명사) 그 (사람의) ~이
- подобен, подобна, подобно, подобни – (형용사) 비슷한, 유사한, 닮은
- на – (전치사) ~의;~에게;~에
- влажен, влажна, влажна, влажни – (형용사) 축축한, 습기찬, 습한, 습기가 많은
- ветровит, ветровита, ветровито, ветровити – (형용사) 바람이 센, 바람 부는
- колкото – (접속사) ~하는 만큼, ~만큼 모두, ~하는 정도
- гордея се, гордееш се, гордее се, гордеем се, гордеете се, гордеят се – (자동사) 자랑하다, 뽐내다, 자랑스러워 하다, 자랑스럽게 여기다, 의기양양하다
- толкова – (대명사) 그만큼, 이만큼 (부사) 그렇게 이렇게 (감탄문) 이렇게 많이

ОБЯСНЕНИЯ КЪМ УРОК 9
9과 문법

1. 관계대명사

В българския език се употребяват относителни местоимения. Те служат за съставяне на едно сложно изречение от едно сложно. 불가리아어에서 관계대명사는 매우 중요한 역할을 수행한다. 관계대명사를 이용하여 복문을 만든다.

▶예문

Иван е ученик. Той си учи уроците всеки ден
이반은 학생이다. 그는 매일 학과 공부를 한다.

→ Иван е ученик, който си учи уроците всеки ден
이반은 매일 학과 공부를 하는 학생이다.

Таблица на относителните местоимения. 다음은 불가리아어에서 관계대명사로 쓰이는 형태들이다.

който	която	което	които
когото	-	-	-
на когото	-	-	-
какъвто	каквато	каквото	каквито
чийто	чиято	чието	чиито
колкото	-	-	-

▶예문

Иван е ученик, **който** си учи уроците всеки ден.
이반은 매일 학과 공부를 하는 학생이다(남성).

Минка е ученичка, **която** си учи уроците всеки ден.
민카는 매일 학과 공부를 하는 여학생이다(여성).

Хванах гълъб, **какъвто** не си виждал.
전에 본적이 없는 비둘기를 잡았다(남성).
Хванах риба, **каквато** не си виждал.
전에 본적이 없는 물고기를 잡았다(여성).

Това е жената, **чийто** син познаваш.
이쪽은 네가 그 아들을 알고 있는 그 여인이다(남성).
Това жената, **чиято** дъщеря познаваш.
이쪽은 네가 그 딸을 알고 있는 그 여인이다(여성).

불가리아 정치 중심지 - 국회

불가리아 국회의사당 전경. 1989년이전에는 공산당 당사로 사용되기도 한 건물이다.

УРОК 10 Разказ I

ЧАСТ А

Човекът, който работи, е по-щастлив от този, който не работи. Работещият е по-щастлив от неработещия. Когато работи, човек се чувства доволен. Работейки, човек се чувства необходим на другите.

Жената, която пее, е по-весела от тази, която не пее. Пееща жена се харесва повече на хората, отколкото мълчаливата. Когато пее, жената е красива. Пеейки, жената привлича вниманието на мъжа.

ЧАСТ B

Един мъж работи на нивата. Той сади ориз мълчаливо. В съседната нива една жена също работи и пее. Садейки ориз, мъжът слуша пеещата жена. Той е жаден и иска да пие вода. Но бутилката с водата е счупена – сутринта той я счупи и до вечерта ще стои жаден. Той ще засади всичкия ориз и тогава ще пие вода. Ако сега отиде вкъщи за вода, работата му няма да е свършена и оризът няма да е засаден. След като посади ориза и   си свърши работата, нивата ще бъде посята, а работата му ще бъде свършена.

Жената изпя песента и пи вода от шишето си. Тя попита мъжа дали иска вода. Той благодари и също пи от шишето. Песента е изпята, водата е изпита, но работата още не е свършена. Пилият вода човек започна да работи по-бързо. Той засади своята нива и помогна на жената, дала му вода.

Накрая и двете ниви са засадени. Работилите цял ден сеячи се прибират доволни в къщи.

РЕЧНИК КЪМ УРОК 10
10과 단어

- щастлив, щастлива, щастливо, щастливи – (명사) 행복, 만족, 기쁨
- работещ, работеща, работещо, работещи – (현재능동분사) 일하는 사람
- неработещ, неработеща, неработещо, неработещи
- когато – (접속사) ~할 때(에), ~하고 있을 때(에), ~하는 동안(에), ~하는 사이(에)
- работя, работиш, работи, работим, работите, работят; работи, работете – (동사) 일하다, 작업하다, 노동하다
- чувствам се, чувстваш се, чувства се, чувстваме се, чувствате се, чувстват се – (자동사) 느낌이 들다, 기분이 들다; 느끼다
- доволен, доволна, доволно, доволни – (형용사) 만족스러운, 흡족한
- работейки
- необходим, необходима, необходимо, необходими – (형용사) 필요한, 없어서는 안 될
- жена, жени – (명사)
- пея, пееш, пее, пеем, пеете, пеят; пей, пейте – (동사) 노래하다, 노래를 부르다
- весел, весела, весело, весели – (형용사) 즐거운, 재미있는
- пеещ, пееща, пеещо, пеещи
- харесвам се, харесваш се, харесва се, харесваме се, харесвате се, харесват се – (자동사) ~의 마음에 들다
- повече – (부사) много의 비교급- 더, 더욱, 더 많이
- отколкото – (부사) ~보다(도); ~하느니보다(오히려), ~할 바에는 (차라리)
- мълчалив, мълчалива, мълчаливо – (형용사) 침묵을 지키는, 묵묵한, 과묵한
- красив, красива, красиво, красиви – (형용사) 아름다운, 멋진
- пеейки
- привличам, привличаш, привлича, привличаме, привличате, привличат – (타동사) (주의, 이목, 흥미등을) 끌다, 끌어당기다
- внимание – (명사) 주의, 유의, 주목
- нива, ниви –(명사) 들판, 들, 밭
- садя, садиш, сади, садим, садите, садят; сади, садете – (타동사) 심다, (씨를) 파종하다
- ориз – (명사) 쌀, 벼
- мълчаливо – (부사) 잠자코, 말없이

· съседен, съседна, съседно, съседни – (형용사) 이웃의, 이웃한
· садейки
· слушам, слушаш, слуша, клушаме, слушате, слушат; слушай, слушайте – (동사) 듣다
· жаден, жадна, жадна, жадни – (형용사) 목마른, 갈증을 느끼는
· пия, пиеш, пие, пием, пиете, пият – (타동사) 마시다
· вода – (명사) 물
· бутилка, бутилки – (명사) 병
· счупен, счупена, счупено, счупени – (형용사) 부서진, 깨진, 부러진
· сутрин – (명사) 아침 (부사) 아침에
· счупя, счупиш, счупи, счупим, счупите, счупят; счупи, счупете – (타동사) 부수다, 깨뜨리다
· вечер – (명사) 저녁 (부사) 저녁 시간에
· стоя, стоиш, стои, стоим, стоите, стоят; стой, стойте – (자동사) 서다
· засадя, засадиш, засади, засядим, засадите, засадят – (타동사) 식물을 심다
· тогава – (부사) 그때(에); (접속사적 용법) 그러면, 그렇다면
· ако – (접속사) [가정, 조건] (만일)…이라면, (만약, 혹시) ~이라면
· сега – (부사) 지금, 이제, 현재
· вкъщи – (부사) 집에
· за – (전치사) ~으로, ~까지, ~에; ~를 위하여
· свършен, свършена, свършено, свършени – (형용사) 끝난, 끝마친, 종결된; 완성된
· засаден, засадена, засадено, засадени – (형용사) 땅에 꽂힌
· след като – (접속사) ~한 뒤에, ~하고 나서
· свърша, свършиш, свърши, свършим, свършите, свършат; свърши, свършете – (동사) 끝까지 다하다, 끝마치다, 끝내다, 끝맺다
· работа, работи – (명사) 일, 노동, 작업
· посят, посята, посято, посяти – (형용사) 다 뿌린, 끝까지 파종한, 심어진
· изпея, изпееш, изпее, изпеем, изпеете, изпеят – (타동사) (끝까지) 노래하다
· песен, песни – (명사) 노래
· шише, шишета – (명사) 병, 유리병
· попитам, попиташ, попита, попитаме, попитате, попитат – (타동사) 묻다, 질문하다
· благодаря, благодариш, благодари, благодарим, благодарите, благодарят – (자동사) 감사하다, 고맙다

- изпят, изпята, изпято, изпяти
- изпит, изпита, изпито, изпити
- свършен, свършена, свършено, свършени – (형용사) 끝난, 끝마친, 종결된; 완성된
- пил, пила, пило, пили
- започна, започнеш, започне, започнем, започнете, започнат; започвам, започваш, започва, започваме, започвате, започват; започни, започнете – (동사) 시작하다, 시작되다
- бързо – (부사) 빨리
- засадя, засадиш, засади, засадим, засадите, засадят – (타동사) 식물을 심다
- помогна, помогнеш, помогне, помогнем, помогнете, помогнат; помагам, помагаш, помага, помагаме, помагате, помагат; помогни, помогнете – (자동사) 돕다, 거들다
- дал, дала, дало, дали
- накрая – (부사) 마침내 드디어, 결국, 끝내
- работил, работила, работило, работили
- цял, цяла, цяло, цели – (형용사) 전체의, 꼬박, 꼭, 모든
- сеяч, сеячи – (명사) 씨 뿌리는 사람, 파종자
- прибирам се, прибираш се, прибира се, прибираме се, прибирате се, прибират се – (자동사) 집에 돌아가다

ОБЯСНЕНИЯ КЪМ УРОК 10
10과 문법

1. 분사

Българските глаголи могат да образуват най-различни форми. Едни от тях са причастията. Те са няколко вида и също като съществителните, прилагателните, числителните и местоименията имат род и число и се членуват. 불가리아어의 동사는 가장 다양한 형태를 형성할 수 있다. 그들 중 하나가 분사이다. 그것들은 몇 가지의 종류가 있으며, 명사, 형용사, 수사 그리고 대명사와 같이 성과 수를 갖고 관사를 붙일 수 있다.

С окончанията –ащ/–ящ/–ещ се образуват сегашни деятелни причастия. 동사에 –ащ/–ящ/–ещ를 붙여서 현재 능동 분사를 만든다.

Сегашно деятелно причастие					
сегашно време на глагола	сегашно деятелно причастие				окончание
	м.р.	ж.р.	ср.р.	мн.ч	
пея	пеещ	пееща	пеещо	пеещи	-ещ
ходя	ходещ	ходеща	ходещо	ходещи	-ещ
гледам	гледащ	гледаща	гледащо	гледащи	-ащ
стрелям	стрелящ	стреляща	стрелящо	стрелящи	-ящ

Съчетанието работещ човек има същото значение като човек, който работи. 능동 분사가 사용된 문장의 의미는 관계 대명사가 사용된 문장과 동일하다.

излязъл човек = човекът, който излезе 나간 사람

С окончанието –л се образуват минали свършени деятелни причастия (в някои от формите има звукови промени). 동사에 어미 –л이 붙어서 과거 능동 완료 분사가 만들어진다. 이 경우에는 음성적 변화가 일어날 수 있다.

пея – пял, пяла, пяло, пели 노래하다
ходя – ходил, ходила, ходило, ходили 가다
гледам – гледал, гледала, гледало, гледали 바라보다
стрелям – стрелял, стреляла, стреляло, стреляли. 사격하다

Съществуват и минали несвършени деятелни причастия, които се използват само в някои сложни глаголни форми (вижте Урок 12). 과거 능동 불완료 분사도 존재하는데 이것은 특수 복수 형태에서만 사용된다(12과 참조).

пея – пеел, пеела, пеело, пеели
ходя – ходел, ходела, ходело, ходели.

Ето някои минали свършени и минали несвършени деятелни причастия:

свършени	несвършени	
хранил	хранел	먹다
носил	носел	가져가다
живял	живеел	살다
дал	дадял	주다

С –н/–т се образуват минали страдателни причастия. Те са свързани със залога на глагола, който показва дали подлогът в изречението върши действието или не го върши. Понякога се използват причастията на глагола от свършен вид: 어미 –н/–т를 가지고 과거 수동 분사를 만든다. 이것들은 동사의 수동태를 형성하는 데, 주어가 행위를 수행하는가 여부를 나타내는데 사용된다. 종종 완료체 동사에서 분사가 만들어지기도 한다.

▶예문
пея песен → песента е изпята (от изпея) 노래하다
върша работа → работата е свършена (от свърша) 일을 수행하다

Залогът има време:

Детето счупи чашата → Чашата беше счупена от детето.
아이가 찻잔을 깼다.
Детето решава задачата → Задачата е решавана от детето. - Задачата се решава от детето. 아이가 문제를 풀고 있다.
Детето ще счупи чашата → Чашата ще бъде счупена.
- Чашата ще е счупена. 아이가 찻잔을 깰 것이다.

2. 부동사

Деепричастията са подобни на причастията, но нямат род и число. 부동사는 분사와 비슷하지만, 성과 수는 없다. 부동사는 동시에 일어난 동사를 나타낼 때 사용된다.

Изречението Човекът пи вода, работейки има същото значение като човекът пи вода, докато работеше. 부동사 구문은 докато가 이끄는 복문으로 대체될 수 있다.

▶예문

Човекът пи вода, работейки 그 사람은 일을 하면서 물을 마셨다.
човекът пи вода, докато работеше.

глагол	деепричастие	окончание	
пея	пеейки	-ейки	노래하면서
ходя	ходейки		가면서
гледам	гледайки	-йки	바라보면서
стрелям	стреляйки		사격하면서

불가리아 전통 뽀가차 빵과 양고기 요리

불가리아 남부 고체델체프 지역의 양고기 요리와 보가차 빵 사진. 불가리아인들은 육류 중 양고기를 가장 좋아한다.

УРОК 11 На поща

Стоян чака препоръчано писмо от Германия. Той отива в пощата да провери дали писмото е пристигнало.

- Добър ден. Вчера в три часа̀ идвах да проверя дали имам писмо, но когато дойдох, пощата беше затворила. Бихте ли проверили дали има писмо за мен.
- Добър ден. Вчера в три часа̀ пощата беше затворена, защото имаше ревизия. Бих проверила, но трябва да почакате две минути.
- Ако знаех, нямаше да идвам. Щях да отида в библиотеката.

Служителката проверява и казва:

- Да, имате писмо. Чакането си струваше. Заповядайте.
- Стоян пита:
- Приятелят ми има рожден ден скоро. Ако пратя картичка до Германия, кога ще бъде получена?
- След една седмица.
- Лошо, при получаването на картичката след една седмица рожденият му ден ще бъде минал.
- Щом ще е минал, по-добре би било да се обадите по телефона.
- Да, така ще направя. Обаждането е добра идея.
- Знаеш ли номера му?
- Да, зная го – 56-98-12. Но вие трябва да ми кажете кода на Германия.

РЕЧНИК КЪМ УРОК 11
11과 단어

- чакам, чакаш, чака, чакаме, чакате, чакат; чакай, чакайте – (타동사) 기다리다
- препоръчан, препоръчана, препоръчано, препоръчани – (형용사) (우편물이) 등기의
- писмо, писма – (명사) 편지
- Германия – (명사) 독일
- поща – (명사) 우체국
- проверя, провериш, провери, проверим, проверите, проверят; проверявам, проверяваш, проверява, проверяваме, проверявате, проверяват; провери, проверете – (타동사) 조사하다, 점검하다, 검토하다, 검열하다, 검사하다
- дали – (소사) ~을까 / (접속사) ~인지 어떤지
- пристигнал, пристигнала, пристигнало, пристигнали
- вчера – (부사) 어제
- три часà – 3시
- идвам, идваш, идва, идваме, идвате, идват – (자동사) 오다
- проверя, провериш, провери, проверим, проверите, проверят; проверявам, проверяваш, проверява, проверяваме, проверявате, проверяват – (타동사) 조사하다, 점검하다, 검토하다, 검열하다, 검사하다
- дойда, дойдеш, дойде, дойдем, дойдете, дойдат – (자동사) 오다
- затворил, затворила, затворило, затворили
- проверил, проверила, проверило, проверили
- защото – (접속사) 왜냐하면, ~때문에, ~이니까
- ревизия, ревизии – (명사) 검열, 조사, 감사
- трябва – (비인칭) ~해야 하다, ~할 필요가 있다
- почакам, почакаш, почака, почакаме, почакате, почакат – (동사) 조금(잠깐) 기다리다
- минута, минути – (명사) 분; 즉시, 찰나; 순간
- ако – (접속사) [가정, 조건] (만일)…이라면, (만약, 혹시) ~이라면
- библиотека, библиотеки – (명사) 도서관
- служителка, служителки – (명사) 직원
- проверявам, проверяваш, проверява, проверяваме, проверявате, проверяват – (타동사) 조사하다, 점검하다, 검토하다, 검열하다, 검사하다
- казвам, казваш, казва, казваме, казвате, казват; кажа, кажеш, каже,

кажем, кажете, кажат; кажи, кажете – (타동사) 말하다

- чакане – (명사) 기다림
- струва си, струват си – (비인칭) 좋다, 할 만하다, ~할 가치(의미)가 있다
- питам, питаш, пита, питаме, питате, питат; питай, питайте – (타동사) 묻다, 질문하다
- приятел, приятели – (명사) 친구
- рожден ден, рождени дни – (명사) 생일(날), 생신
- скоро – (부사) 빨리, 급히, 급히 서둘러, 신속히, 재빨리
- пратя, пратиш, прати, пратимв, пратите, пратят; питай, питайте – (타동사) 보내다, 부치다, 발송하다
- картичка, картички – (명사) 엽서
- получен, получена, получено, получени – (형용사) 받은
- след – (전치사) ~의 뒤에, 후에, 다음에
- лош, лоша, лошо, лоши – (형용사) 나쁜, 악한
- при – (전치사) ~에, ~동안; ~할 때
- получаване – (명사) 수취, 수령, 받음
- минал, минала, минало, минали – (형용사) 과거의, 예전의, 이전의, 전의; 지난~, 전~,
- щом – (접속사) ~하자마자; ~이기 때문에, ~아서, ~(으)니
- обадя се, обадиш се, обади се, обадим се, обадите се, обадят се; обаждам се, обаждаш се, обажда се, обаждаме се, обаждате се, обаждат се; обади се, обадете се – (자동사) 전화하다; 전보를 치다
- телефон, телефони – (명사) 전화
- така – (부사) 이렇게, 이와 같이; 그러므로, 그래서; 그와 같은
- направя, направиш, направи, направим, направите, направят; направи, направете – (타동사) 끝내다; 실행하다, 행하다; (누구를) ~로 만들다
- обаждане – (명사) 연락, 알림
- идея, идеи – (명사) 생각
- номер, номера – (명사) 번호, 호, 번지
- код, кодове, кода – (명사) 코드

ОБЯСНЕНИЯ КЪМ УРОК 11
11과 문법

1. 복합시제

Някои глаголни времена в българския език се образуват с помощта на спомагателния глагол съм. 동사 съм은 일반동사와 합쳐져 복합시제를 형성한다.

Минало неопределено време показва действие, което е извършено преди, без да се съобщава точното време (в това време глаголите се менят по род и число). 단순 과거 완료시제는 과거의 정확한 시점의 언급 없이 과거에 행해진 행위를 나타낸다. 동사 형태는 성과 수에 따라 변화한다.

работил съм – аз съм работил
работила съм – аз съм работила
работило съм – аз съм работило (на практика за среден род в първо лице не се използва)
работил си – ти си работил
работила си – ти си работила
работило е – то е работило
работили сме – ние сме работили
работили сте – вие сте работили
работили са – те са работили.

*위의 형태 중 중성 1인칭 단수 형태는 실제로 사용되지 않는다.

Глаголът съм в това време се спряга така. съм 동사의 변화형은 다음과 같다.

аз съм бил – аз съм била
ти си бил – ти си била
той е бил – тя е била – то е било
ние сме били
вие сте били
те са били.

2. 대과거

Минало предварително време е подобно на английското Past Perfect Tense и изразява действие, което е извършено преди някое друго действие. 대과거 형태는 영어의 past perfect tense와 같은 의미로서 다른 행위의 이전에 행해진 행위를 의미한다.

бях работил - аз бях работил
бях работила – аз бях работила
беше работил – ти беше работил
беше работила – ти беше работила
беше работила – ти беше работила
беше работило – то беше работило
бяхме работили – ние бяхме работили
бяхте работили – вие бяхте работили
бяха работили – те бяха работили.

Отрицателните форми на показаните времена се образуват с частицата не. 다른 시제와 마찬가지로 행위의 부정은 부정 소사 не를 붙여서 만든다.

Аз не съм правил, аз не бях правил.

3. 미래완료

Бъдеще предварително време е подобно на английското Future Perfect Tense и изразява действие, което ще се извърши след някое друго действие. 미래완료시제는 영어의 future perfect tense와 같으며, 어떤 행위의 이후에 행할 행위를 의미한다.

ще съм правил – ще бъда правил
ще съм правила – ще бъда правила
ще е правило – ще бъде правило
ще си правил – ще бъдеш правил
ще си правила – ще бъдеш правила

ще сме правили – ще бъдем правили
ще сте правили – ще бъдете правили.

Отрицателните форми на това време се образуват с частицата няма. 이 시제의 부정은 부정사 няма를 이용하는 것이 특징적이다.

▶예문

Аз няма да съм правил, аз няма да бъда правил.
나는 하지 않았을 텐데, 나는 미래에 하지 않았을 텐데.

4. 가정법

Условните форми на глагола се използват за изразяване на възможно при някакво условие действие или в учтивото общуване. 가정법 형태는 어떠한 조건적 행위 하에서의 가능성을 표시하거나 때에 따라서는 존칭의 의미로도 사용된다.

▶예문

Бих купил колата, ако имам пари.
돈이 있다면 콜라를 샀을 텐데
Бихте ли ми казали къде е гарата?
역이 어디인지 좀 말씀해 주시겠습니까?

Образува се със специална глаголна форма и минало свършено деятелно причастия. Формите са следните. 이 시제는 동사의 과거 능동 완료 분사와 함께 사용된다.

аз бих писал - бих писала
ти би писал – би писала
той би писал – тя би писала – то би писало
ние бихме писали
вие бихте писали
те биха писали.

Отрицателно – не бих правил. 부정의 경우는 부정 소사 не를 첨가한다.

Подобни на условните форми са формите на бъдеще време в миналото. 가정법 형태와 유사한 형태가 과거에서 선행 미래 시제 형태이다.

щях да пиша = бих писал (나는) 쓰려고 했었다
щеше да пишеш = би писал
щеше да пише = би писал
щяхме да пишем = бихме писал
щяхте да пишете = бихте писал
щяха да пишат = биха писал.

Отрицателно – нямаше да правя, нямаше да правиш, нямаше да прави ...이 시제의 부정어는 부정 소사의 과거 시제 형태가 첨부된 нямаше да 유형이 된다.

Отглаголните съществителни са съществителни имена, образувани от глаголи. 동사 파생 명사는 불가리아어에서 매우 생산적으로 생겨나는 데 동사 어근에 어미 -не를 붙여서 만든다.

Отглаголни съществителни имена на -не		
чакам	чакане	기다리기
чета	четене	읽기
пиша	писане	쓰기
слушам	слушане	듣기

불가리아 문화 궁전

НДК(국민문화궁전)이라 불리는 종합 문화 건물. 내부에는 영화관과 콘서트 홀들이 다양하게 배치되어 있다.

УРОК 12 Разказ II

Вчера, докато играехме, аз видях, че Петър удари Стоян на двора. Стоян беше счупил колелото на Петър. Затова Петър се ядоса и каза:

- Друг път недей да удряш колелото ми.

След удара Стоян се разплака и каза:

- Батко ми ще те набие утре.

Аз отидох вкъщи. Майка беше там и ме попита:

- Защо плаче Стоян? Казаха ми, че ти си видял всичко.

Аз и разказах всичко. Когато се върна баща ми, тя му каза:

- Стоян бил счупил Петровото колело и Петър се ядосал и го ударил. Стоян казал, че батко му щял да набие Петър.

Татко отговори:

- Кой ти каза?

- Нашият син.

Тогава татко се обърна към мен и рече:

- Не знаех, че си бил толкова лош приятел. Не бива да казваш всичко, което правите. Не е хубаво да се биете, но и доносничеството е лоша постъпка.

После татко ме попита:

- Днес чел ли си урока по си по английски? Как се чете тази английска дума?

След като я прочетох, той каза:

- Ти си четял много добре по английски! Да, ти четеш много добре...

РЕЧНИК КЪМ УРОК 12
12과 단어

- докато – (접속사) ~하는 동안(에), 하는 사이(에), 하는 중에
- играя, играеш, играе, играем, играете, играят; играй, играйте – (자동사) 놀다, 장난치다
- видя, видиш, види, видим, видите, видят; виждам, виждаш, вижда, виждаме, виждате, виждат; виж, вижте – (타동사) 보다, 보이다
- ударя, удариш, удари, ударим, ударите, ударят; удрям, удряш, удря, удряме, удряте, удрят; удари, ударете – (동사) 때리다, 치다
- двор, дворове, двора – (명사) 마당, 뜰
- счупил, счупила, счупило, счупили – счупвам; счупя (타동사) 부수다, 깨뜨리다
- колело, колелета – (명사) 자전거; 바퀴
- на – (전치사) ~의; ~에게; ~에
- ядосам се, ядасаш се, ядосаме се, ядосате се, ядосат се; ядосвам се, ядосваш се, ядосва се, ядосваме се, ядосвате се, ядосват се – (자동사) 화나다, (화내다), 성나다, 노하다
- друг път – (구어) 다음 번에, 나중에, 후에
- недей – (자동사) (동사 앞에 쓰여서 부정 명령법을 만듦) ~하지 마라(말아라)
- удар – (명사) 침, 치기, 일격, 때림, 공격
- разплача се, разплачеш се, разплаче се, разплачем се, разплачете се, разплачат се; разплаквам се, разплакваш се, разплаква се, разплакваме се, разплаквате се, разплакват се – (자동사) 울기 시작하다, 눈물을 흘리기 시작하다
- батко, батковци – (명사) 형, 오빠
- набия, набиеш, набие, набием, набиете, набият – (타동사) 마구 때리다, 심하게 구타하다
- утре – (부사) 내일
- плача, плачеш, плаче, плачем, плачете, плачат; плачи, плачете – (자동사) 울다, 눈물을 흘리다
- видял, видяла, видяло, видели – виждам; видя (타동사) 보다, 보이다 #
- всичко – (대명사) 모든 것, 모두, 전부, 죄다
- разкажа, разкажеш, разкаже, разкажем, разкажете, разкажете; разкажи, разкажете – (타동사) (~에 대해) (자세히) 이야기하다, 말하다, 진술하다
- върна се, върнеш се, върне се, върнем се, върнете се, върнат се; връщам се, връщаш се, връща се, връщаме се, връщате се, връщат

се; върни се, върнете се – (자동사) 돌아가다, 돌아오다

· баща, бащи – (명사) 아버지
· ударил, ударила, ударило, ударили – удрям; ударя (동사) 때리다, 치다 #
· лош, лоша, лоши, лошо – (형용사) 나쁜, 악한
· не бива – (비인칭) ~하면 안된다.
· правя, правиш, прави, правим, правите, правят; прави, правете – (타동사) 하다
· хубав, хубава, хубаво, хубави – (형용사) 예쁜, 멋진, 좋은, 훌륭한
· бия се, биеш се, бие се, бием се, биете се, бият се – (자동사)싸우다
· доносничество, доносничества – (명사) 밀고, 고자질
· постъпка, постъпки – (명사) 행동, 행위, 짓, 소행
· после – (부사) 후에, 나중에
· татко, татковци – (명사) 아빠
· попитам, попиташ, попита, попитаме, попитате, попитат – (타동사) 묻다, 질문하다
· чел, чела, чело, чели
· дума, думи – (명사) 단어, 말
· прочета, прочетеш, прочете, прочетем, прочетете, прочетат – (타동사) (끝까지) 읽다, 정독(숙독)하다
· четял, четяла, четяло, четели

불가리아의 국가 상징물 사자

고대 불가리아 왕국시절부터 사자는 불가리아의 강성과 힘을 상징하는 동물이었다.

ОБЯСНЕНИЯ КЪМ УРОК 12

12과 문법

1. 간접화법

Преизказните форми в българския език служат за предаване на събития, които говорещият не е видял със собствените си очи, или за действия, за които говорещият не е предполагал, че са възможни. 불가리아어에서 간접 화법 형태는 화자가 직접 목격하지 않은 사실이나 행위를 타인에게 전할 때 사용되는 화법이고, 그 행위에 대한 신뢰가 떨어진다는 뉘앙스를 갖는 경우가 많다.

Наблюдавани действия	Ненаблюдавани действия
Аз видях... 나는 보았다	- Казаха ми, че ти си видял всичко. – 말하길, 네가 보았다고 하더라
Батко ще те набие 아버지가 너를 때릴 거야	- ...казал, че батко му щял да набие... – 말하길, 그의 아버지가 때릴 거라고 하더라
Ти си лош приятел-... 너는 나쁜 친구야	- ти си бил лош приятел... – 너는 나쁜 친구라고 하더라
Ти четеш много добре... 너는 아주 잘 읽고 있구나	- Ти си четял много добре. – 너는 아주 잘 읽는다고 하더라

изявителни форми 직접화법	**преизказни форми** 간접화법
пиша	пишел съм
пешеш	пишел си
пише	пишел
пишех	пишел съм
пишеше	пишел си
пишеше	пишел
писах	писал съм
писа	писал си
писа	писал си
бях писал	бил съм писал
беше писалл	бил си писалл
беше писал	бил писал
ще пиша	щял съм да пиша
ще пишеш	щял си да пишеш
ще пише	щял да пише
щях да пиша	щял съм да пиша
щеше да пишеш	щял си да пишеш
щеше да пише	щял да пише.

본문 해석본

제1과 이 사람은 누구입니까?

본문 A

- 이것은 무엇입니까?
- 이것은 책입니다.
- 그러면 저것은 무엇입니까?
- 저것은 볼펜입니다.
- 이 사람은 누구입니까?
- 이 사람은 김 선생님입니다.
- 그러면 저 사람은 누구입니까?
- 저 사람은 진명입니다.
- 이 여자는 누구입니까?
- 이 여자는 수진입니다.
- 그러면 저 여자는 누구입니까?
- 저 여자는 승은입니다.
- 이 사람들은 누구입니까?
- 이 사람들은 학생들입니다.
- 그러면 저 사람들은 누구입니까?
- 저 사람들은 여학생들입니다.
- 김 선생님은 여기에 있습니다. 그러면 진명이는 어디에 있습니까?
- 진명이는 저기에 있습니다.
- 김 선생님은 어디 출신입니까?
- 김 선생님은 한국의 서울 출신입니다. 그는 한국인입니다. 그러면 진명이는 어디 출신입니까?
- 진명이도 한국의 서울 출신입니다. 그리고 그도 한국인입니다.

본문 B

- 김 선생님의 직업은 무엇입니까?
- 김 선생님은 선생님입니다. 그러면 진명이의 직업은 무엇입니까?
- 진명이는 학생입니다. 선생님은 서울 출신이고, 학생도 서울 출신입니다. 그들은 시울사람들입니다. 선생님은 한국인입니다. 학생도 그와 같습니다. 그들은 한국인들입니다.
- 그러면 수진이의 직업은 무엇입니까?
- 수진이는 여학생입니다. 승은이도 그와 같습니다. 여학생 수진이도 한국의

서울 출신입니다.
- 이 사람은 누구입니까?
- 이 사람은 아이입니다. 아이는 부산 출신입니다. 그도 한국아이입니다.
- 다른 남학생들과 여학생들은 어떠합니까?
- 남학생들은 한국인이고, 여학생들도 한국 여자입니다.
- 너는 누구니?
- 나는 뻬떠르입니다.
- 그러면 그는 누구입니까?
- 그는 또도르입니다.
- 그러면 그녀는 누구입니까?
- 그녀는 민까입니다.
- 그러면 너희들은 누구입니까?
- 우리들은 이반과 차브다르입니다.
- 그들은 누구입니까?
- 그들은 추도미르와 얀까입니다.
- 추도미르와 얀까의 직업은 무엇입니까?
- 추도미르와 얀까는 대학생들이고, 그들은 불가리아인들입니다.
- 이것은 방입니까?
- 예, 이것은 방입니다.
- 이것은 대학교입니까?
- 아니오, 이것은 대학교가 아닙니다. 이것은 고등학교(중학교)입니다.
- 너는 대학생이니?
- 아니오, 나는 대학생이 아닙니다. 나는 중고등학생입니다.
- 너희들은 대학생들과 여자대학생들입니까?
- 아니오, 우리들은 대학생들이 아닙니다. 우리는 남녀 중고등학생들입니다.
- 그러면 너는 대학생이 아니니?
- 아니오, 나 역시 대학생이 아닙니다. 나는 중고등학생입니다.

제2과 선생님은 칠판에 씁니다

본문 A

이것은 강의실입니다. 벽들은 흰색이고, 천장은 회색이고, 칠판은 초록색이고, 분필들은 파란색, 노란색 그리고 주황색입니다. 의자들은 나무로 되어있습니다. 그것들은 검은색입니다. 커튼들은 분홍색입니다. 꽃병의 장미들은 붉은 색입니다.

지금 학생들은 수업 시간입니다. 오늘 첫 번째로는 영어 수업이 있습니다. 선생님이 말 합니다:

- 안녕, 얘들아. 나는 이반 뻬뜨로프이고, 영어 선생님입니다.

본문 B

선생님이 칠판에 씁니다. 학생들은 공책에 씁니다. 그들은 쓰기도 하고 읽기도 하고 연습하기도 합니다. 학생들은 또한 말하거나 쓰기도 합니다. 그들은 영어를 내일도 공부할 것이고, 1년 동안 공부할 것입니다. 그들은 공부하는 것을 좋아하고 이 언어를 잘 알기를 원합니다. 그들은 말할 수 있지만, 아직 많이 공부해야만 합니다. 그들은 방학 동안에도 공부하기를 멈추지 않을 것입니다. 집에 있을 것이고, 하지만 또 다시 읽을 것입니다. 그들은 수업들을 잊기를 원하지 않습니다.

그러나 한 학생이 쓰지 않습니다. 선생님이 묻습니다:

- 이름이 무엇입니까?

학생이 대답합니다:

- 또도르입니다.
- 영어를 말할 수 있나요?
- 예, 조금 말합니다.
- 볼펜이 있습니까?
- 없어요.
- 그러면 연필도 없습니까?
- 아니오, 없습니다.
- 여기 볼펜. 받으세요.
- 감사합니다. 죄송합니다, 이제 쓸 수 있게 되었습니다.

제3과 여행

본문 A

니꼴로프 부부입니다. (이 사람들은 니콜로프씨와 니콜로바 여사입니다.) 그들은 여행을 갑니다. 바르나에서 와서 소피아로 기차를 타고 갑니다. 소피아에 도착하게 되면, 공항으로 가는 차, 버스 혹은 마을버스를 찾을 것입니다. 거기에서 한국행 비행기를 탈 것입니다. 공항은 멉니다. 거기에서 한국으로 떠날 것입니다. 비행기를 타고 서울에 도착할 것입니다.

니콜롭씨는 니콜로바 여사의 남편입니다. 그는 그녀의 남편입니다. 그는 그녀의 남편입니다. 니콜로바 여사는 니콜롭씨의 부인입니다. 그녀는 그의 부인입니다. 그들에게는 여행용 가방이 있습니다. 이것은 그들의 여행용 가방입니다. 이것은 그들의 여행용 가방입니다.

본문 B

지금 니콜로프 부부는 기차역에 있습니다. 기차를 기다립니다. 기차가 늦게 도착했습니다. 그들은 기차역을 떠나서 기차 안으로 들어갑니다. 니콜로프씨는 자신의 왼손에 여행용 가방을 들었습니다. 가방은 무겁습니다. 오른쪽 손에는 표들을 쥐고 있습니다. 그는 자신의 부인에게 여행용 가방을 건네줍니다. 그들은 자신들의 자리에 앉습니다.

그의 부인은 창문을 통해 봅니다. 한 사람이 옵니다. 그 사람은 검표원입니다. 그는 부인을 봅니다. 그녀도 그를 봅니다. 검표원은 그녀에게 표가 있는지 없는지 묻습니다. 그녀의 표를 요구합니다. 그 후에 그는 남편 쪽으로 몸을 돌렸고 그의 표도 요구합니다:

-당신의 표를 볼 수 있을까요?

니콜로프씨는 그에게 자신의 표를 건네줍니다. 검표원은 그들의 표를 검사하고 그들에게 말합니다:

- 즐거운 여행 되세요!

그들이 대답합니다.

- 감사합니다, 즐겁게 일하세요!

제4과 날씨와 계절

본문 A

1년은 12개월이 있습니다, 한 해는 : 1월, 2월, 3월, 4월, 5월, 6월, 7월, 8월, 9월, 10월, 11월, 12월로 이루어집니다. 한 달은 4주가 있고, 달의 주는 4개입니다. 한 주에는 7일이 있는데, 한 주는: 월요일, 화요일, 수요일, 목요일, 금요일, 토요일, 일요일이 있습니다.

오늘은 월요일입니다. 5월의 날씨는 보통 좋지만, 오늘은 비가 내립니다. 스토얀은 쇼핑을 갑니다. 그는 상점에 갑니다. 거기에는 과일들과 채소들이 있지만, 옷은 없습니다. 이 곳은 식료품점입니다. 이 길에는 다른 상점들도 있습니다. 이 길에는 합쳐서 3개의 상점들이 있습니다. 상점에는 줄이 있습니다. 한 남자가 그 앞에 있고, 2~3명이 그의 뒤에 서 있습니다. 스토얀 앞의 남자는 그(스토얀)보다 크지만, 가장 큰 사람은 그의 뒤에 있는 남자입니다. 줄에는 여자들도 있습니다. 두 명의 여자가 끝에서 기다립니다. 스토얀은 그들에게 묻습니다.:

- 실례합니다, 지금 몇 시죠?
- 3시 40분입니다.
- 몇 시요?
- 4시 20분전이요.
- 아, 예, 감사합니다. 경기가 4시 반에 시작하는데, 시간이 있네요. 거의 한 시간, 한 50분이 있군요.

본문 B

진열장에서 스토얀은 수박, 바나나, 당근, 오렌지, 사과, 배, 체리, 딸기, 토마토, 양파와 오이를 바라 봅니다. 그는 바나나 하나를 집고 그것을 훑어봅니다. 후에 오이 하나를 집고 그것을 훑어봅니다.

그의 차례가 왔습니다.

- 무엇을 원하십니까?
- 오이 1kg이 얼마입니까?
- 2레바 10스토틴키입니다.
- 그러면 당근 2kg은 얼마입니까?
- 4레바 80스토틴키입니다.

당근들이 오이들보다 더 비쌉니다. 그러나 가장 비싼 것은 사과입니다. 그것은 1kg당 3레바 50 스토틴키입니다.

- 바나나 3개, 수박 하나, 오이 2kg과 당근 2개 주세요.
- 자, 여기 잔돈이요. 그만큼 산 것을 들 수 있니? 몇 살이니?
- 아마, 12살입니다.

제5과 스토얀의 가족

본문 A

스토얀의 가족은 대가족입니다. 그는 아버지, 어머니, 할머니, 할아버지, 형, 누나, 삼촌과 숙모가 있습니다. 그들은 주택에 삽니다. 그의 아버지는 기술자이고, 그의 어머니는 선생님입니다. 그의 형은 뻬떠르이고, 그녀의 누나는 민까입니다.

누군가 스토얀에게 물어봅니다:

- 너의 아버지는 무슨 일을 하시니?

그가 말합니다:

- 나의 아버지는 기술자입니다. 그리고 나도 기술자가 되고 싶어요.

그 순간 부모님과 스토얀의 가족들 나머지가 부엌으로 들어갔습니다. 거기에서 점심을 먹을 것입니다. 그들은 보통 부엌에서 먹습니다. 스토얀의 아버지가 말씀하십니다:

- 얘들아, 손을 씻고 식탁에 앉아라! 더러운 손으로 먹지 말아라. 자기 자리에 앉아라. 항상 앉던 곳에 앉아라. 너희들이 어릴 때, 그렇게 하는 것을 습관들이고, 자라서도 그렇게 하거라. 뻬떠르야, 할아버지 옆에 앉으렴, 민까야, 할머니 옆에 앉으렴. 식사하러 앉기 전에 손을 씻어라.

본문 B

그리고 아이들은 손을 씻었습니다, 그들은 항상 씻습니다. 오직 스토얀만이 손을 씻지 않았습니다. 그의 아버지는 그것을 보고 말씀하셨습니다. :

- 스토얀아, 너도 손을 씻어야지, 꼭 씻어야 하는 거야. 제발, 손 씻으렴.
- 손 씻는 걸 좋아하지 않아요, 씻는 걸 좋아하지 않는다고요!
- 아빠가 보니까, 너는 항상 식사할 때 손 씻는 것을 좋아하지 않더구나. 만약 더러운 손으로 먹으면 병에 걸리게 될 거야. 만약 너를 다시 보면, 너를 혼낼 거다!

아이들은 실컷 먹었습니다. 그들의 어머니가 말씀하십니다.

- 식탁보로 닦지 말고, 냅킨으로 입을 닦으렴. 그렇게 행동하지 말거라. 교양있는 사람처럼 먹자꾸나.

제6과 불가리아에 대해서 I

본문 A

스토얀과 뻬떠르는 텔레비전 게임에 출연합니다. 그들의 사회자가 질문하고, 그들은 대답합니다. 주제는 "불가리아의 역사와 지리"입니다. 둘은 역사와 지리를 매우 좋아합니다. 모든 참가자들이 몇 개의 질문을 대답해야만 합니다. 모든 참가자들은 학생들입니다.

첫 번째 질문은 쉽습니다: "언제 불가리아가 생겨났는지 말해 줄 수 있어요?"

모든 여학생들과 모든 남학생들이 답을 압니다. : "681년입니다."

두 번째 문제는 좀 더 어렵습니다: "어떻게 현대 불가리아 민족이 생겨났습니까?"

스토얀과 요르단까는 한 팀입니다. 그녀가 그에게 묻습니다 :

- 뭐 아는 거 있니?
- 아무것도 모르겠어 - 스토얀이 대답합니다.

아무도 대답하지 못합니다. 남학생, 여학생 누구도

맨 마지막에 누군가 갑자기 떠올리고, 대답합니다. :

- 현대 불가리아 민족은 다양한 민족들이 섞인 후에 생겨났습니다. : 불가리아인, 슬라브인, 트라키야인, 마케도니아인, 켈트족, 고트족, 쿠만족.

본문 B

사회자가 다시 다양한 질문을 합니다. - 세 번째 질문, 네 번째 질문, 다섯 번째 질문, 열 번째 질문 …, 그러면 아이들은 대답합니다.

- 불가리아가 어디에 위치하고 있는지 아나요?
- 불가리아는 남동쪽 유럽, 발칸반도에 위치하고 있습니다.
- 불가리아엔 몇 개의 바다가 있나요?
- 지금 불가리아에는 한 개의 바다만 있습니다. -흑해요.
- 가장 높은 불가리아 산은 무엇입니까?
- 가장 높은 불가리아 산은 발칸산맥, 로도피, 릴라, 삐린, 스뜨란자입니다.
- 가장 넓은 불가리아의 평원은 무엇입니까?
- 트라키야와 다뉴브강 평원입니다.
- 왜 불가리아 민족은 비록 그와 같이 슬픈 순간을 살았지만 사라지지 않았나요?
- 많은 외국의 침략을 겪으면서도, 불가리아 민족은 사라지지 않았습니다. 왜냐하면 용감하기 때문이죠. 이 외에도, 불가리아인들은 자신의 문자를 가지

고 있어서 침략자들은 말살시킬 수 없었습니다.
- 누가 불가리아 문자를 창조하였습니까?
- 끼릴과 메토디가 첫 번째 불가리아 문자를 창조했습니다.
- 불가리아는 어떤 나라와 국경을 접하고 있습니까?
- 불가리아는 북쪽에는 루마니아와 접경하고 있고, 남쪽엔 그리스와 터키, 서쪽엔 세르비아와 마케도니아, 남쪽엔 흑해와 접하고 있습니다.

게임 후에 모두들 만족했습니다, 왜냐하면 아주 잘 대답했고 상을 많이 받았기 때문입니다. 스또얀과 요르단까는 가장 많이 기뻐했는데, 왜냐하면 1등을 차지했기 때문입니다.

제7과 불가리아에 대해서 II

본문 A

불가리아의 기후는 좋습니다, 그래서 거기에는 다양한 동물들이 살고, 다양한 식물들이 자랍니다. 높은 산에는 울창한 숲들이 있습니다. 그곳에는 나무들이 자랍니다. 나무들 앞, 뒤로는 덤불들이 자랍니다. 비가 온 후에는 덤불 옆에 버섯들이 자랍니다. 어떤 나무에는 1년 내내 잎이 있습니다. 다른 잎들은 봄에 나타나기 시작해서 가을에는 지기 시작합니다. 들판에는 풀이 있습니다. 물이 있을 때는, 풀이 높아집니다. 비가 올 때는 풀이 높게 자랍니다. 습기가 없어지자마자, 풀은 자라기를 멈춥니다. 꽃은 봄에는 피기 시작하고, 여름에는 계속 피어있고, 가을에는 피는 것을 멈춥니다.

본문 B

불가리아에서 가장 빠른 동물 중 하나는 늑대입니다. 그는 매우 빠릅니다. 여우도 빠른 동물입니다. 늑대도, 여우도 빨리 달립니다. 그러나 늑대는 여우보다 더 빠릅니다. 말은 강한 동물입니다. 말은 강합니다. 가장 느린 동물은 달팽이입니다. 달팽이는 풀을 따라서 느리게 기어갑니다. 달팽이는 느립니다. 비가 오기 전 달팽이는 나타나지 않지만, 비가 내리는 동안에는 땅에 있는 구멍에서 나옵니다.

제8과 뻬떠르의 하루

본문 A

매일 아침, 잠에서 깬 후에, 뻬떠르는 일찍 일어나고 학교 갈 준비를 합니다. 씻습니다, - 얼굴, 목과 귀도 씻고, 빗질하고, 옷을 입고, 양말을 신고, 아침을 먹고 학교에 갑니다. 학교로부터 돌아온 후에, 그는 점심을 먹고, 쉬고, 과를 공부하고, 텔레비전을 봅니다.

뻬떠르가 좀 더 어렸을 때는 그렇게 하지 않았습니다. 일찍 일어나지 않고, 씻지 않았습니다. 그러나 지금은 학생입니다. 어제 그는 또 일찍 일어나고 씻었습니다. 맨 처음 손을 씻고 얼굴을 씻습니다. 후에 입을 벌리고 이를 닦습니다. 마지막엔 발을 다 씻습니다. 씻는 동안, 그의 어머니는 그에게 줄 아침을 준비해 놓습니다. 그의 어머니가 아침을 준비해주면, 그는 식탁에 앉아 아침 먹기 시작합니다.

본문 B

그러나 오늘은 아침식사 후 뻬떠르는 학교에 가지 않았습니다, 왜냐하면 몸이 안좋다고 느꼈기 때문입니다. 그의 머리가 아팠고, 목도 아팠고, 열이 있었습니다. 그의 무릎은 덜덜 떨렸습니다. 그의 어머니가 그를 의사에게 데리고 갑니다.

의사는 그의 혀를 살펴보고, 그의 이마와 배를 만져보고, 그 후에 그의 등을 두드려봅니다. 청진기로 그를 청진하고, 그의 열을 잽니다. 마지막에 의사가 뻬떠르는 감기 때문에 아프다고 말합니다. 그는 처방전을 써주고 따뜻한 차를 마시고 집에서 나가지 말라고 말합니다.

제9과 불가리아와 한국

본문 A

불가리아와 한국은 역사와 지리학적인 상황과 기후가 비슷한 나라입니다. 두 나라는 지리학적 면적이 거의 같습니다. 한국인들이 긴 역사를 가지고 있다고 자랑할 수 있는 것과 마찬가지로, 불가리아인들도 그러합니다. 한 나라의 역사에서 우리는 다양한 사건을 알게 되는데, 다른 나라의 역사에서도 만날 수 있습니다(발견됩니다). 불가리아에서 온 사람은 한국에서도 사는 것이 쉽습니다. 누구의 역사가 더 오래 되었는지 여부를 어떤 사람에게 묻는다면, 그는 대답할 것입니다:

- 불가리아는 1300년의 오래된 역사를 가지고 있는 나라라는 것을 압니다. 그리고 한국의 역사가 약 5천년 가량 더 깊다는 것도 알고 있습니다.

불가리아는 한국과 비슷한 기후를 가진 나라입니다. 그러나 한국은 불가리아보다 여름에는 더 습하고, 겨울에는 더 바람이 붑니다. 한국인들이 자신의 나라에 자부심을 갖는 것처럼 불가리아인도 자신의 나라에 자부심을 갖고 있습니다.

제10과 이야기 I

본문 A

일하는 사람은 일하지 않는 사람보다 더 행복합니다 일을 할 때, 사람은 만족합니다. 일하는 사람들은, 다른 사람들에게 꼭 필요한 존재라는 걸 느낍니다.

노래를 부르는 여자는 노래를 부르지 않는 사람보다 더 즐겁습니다. 사람들은 노래부르는 여자를 침묵하는 여자보다 더 좋아합니다. 노래를 부를 때, 여자는 아름답습니다. 노래를 부르는 여자들은 남자의 주의를 끕니다.

본문 B

한 남자가 들판에서 일을 합니다. 그는 묵묵히 벼를 심습니다. 이웃한 들판에서 한 여자가 일하고 노래합니다. 벼를 심으면서, 남자는 여자가 노래 부르는 것을 듣습니다. 그는 갈증이 나서 물이 마시고 싶습니다. 하지만 아침에 그가 물병을 깨서 저녁까지 갈증이 날겁니다. 만약 지금 물 때문에 집에 간다면, 그의 일을 끝내지 못할 것이고, 벼도 다 못 심을 것입니다. 벼를 심고 일이 끝나면, 벼는 들에 심어져 있고, 그의 일도 끝나게 될 것입니다.

여자는 노래를 다 부르고 병의 물을 마셨습니다. 그녀는 남자에게 물을 원하는지 아닌지를 묻습니다. 그는 감사해하고 또한 병의 (물을) 마십니다. 노래는 다 끝났고, 물도 다 마셨지만, 일은 아직 끝나지 않았습니다. 물을 마신 사람은 더 빨리 일하기 시작합니다. 그는 그의 들판에 심고 그에게 물을 줬던 여자를 돕습니다.

마침내 양쪽 들판은 (벼가) 다 심어졌습니다. 하루 종일 일하고 있던 파종자들은 만족해하며 집으로 돌아갑니다.

제11과 우체국에서

본문 11

스토얀은 독일로부터의 등기우편을 기다립니다. 그는 편지가 도착했는지 여부를 확인하기 위해 우체국에 갔습니다.

- 안녕하세요. 어제 3시에 편지가 왔는지를 확인하러 왔었는데, 왔을 때, 우체국이 닫혀있었습니다. 제게 편지가 왔는지를 확인해 주시겠습니까?
- 안녕하세요. 어제 3시에 우체국은 닫혀있었습니다. 왜냐하면 재고 조사가 있었기 때문입니다. 확인해드리겠습니다만 2분을 기다리셔야만 합니다.
- 만일 알았다면, 오지 않았을 텐데. 도서관에 갔었을 텐데...

직원이 확인하고 말합니다.

- 아, 편지가 있습니다. 기다림은 가치가 있었네요. (기다릴 만 했네요) 자, 여기요.

스토얀이 묻습니다.

- 내 친구가 곧 생일입니다. 만약 독일로 엽서를 보내면, 언제 받게 되나요?
- 1주일 뒤에요.
- 이런, 1주일 후에 엽서를 받게 된다면, 그의 생일은 지나갈 거예요.
- 그렇게 지나게 된다면, 전화를 거는 것이 좋을 것 같군요.
- 예, 그렇게 할게요. 전화 거는 것은 좋은 생각이군요.
- 그의 번호를 압니까?
- 예, 알아요. 56-98-12. 하지만 당신은 내게 독일의 국가 번호를 말해 주어야만 합니다.

제12과 이야기 II

본문 12

어제, 우리가 놀고 있을 때, 나는 삐떠르가 마당에서 스토얀을 때리는 것을 보았다.

스토얀은 삐떠르의 자전거를 망가뜨렸다고 한다. 그러자 삐떠르는 화가 나서 말했다.

- 다음에는 내 자전거 치지 마.

맞은 다음에 스토얀은 울음을 터뜨리고 말했다.

-내 형이 내일 널 마구 때릴 거야!

나는 집에 갔었다. 어머니가 거기에 계셨고, 내게 물으셨다.

- 스토얀이 왜 울지? 너가 모든 것을 봤다고 그들이 내게 말했었다.

나는 모든 것을 다 말했다.

아버지가 돌아오셨을 때, 엄마는 아버지께 말씀하셨다.

- 스토얀이 삐떠르의 자전거를 부쉈다고 하고, 삐떠르는 화가 나서 그를 쳤다고 하더군요. 스토얀이 그의 형이 삐떠르를 때릴 거라고 말했대요.

아버지가 대답하셨다.

- 누가 당신에게 말했소?
- 우리 아들이죠.

그러자 아버지는 나를 돌아보며 말씀하셨다.

- 너가 그렇게 나쁜 친구였는지 몰랐구나. 그랬을 땐, 모든 것을 말하지 않는 것이 좋다. 싸우는 것도 좋지 않지만, 고자질도 나쁜 행동이다.

후에 아버지가 나에게 물으셨다.

- 오늘 영어 교과목을 읽었니? 이 단어는 영어로 어떻게 읽지?

내가 그것을 다 읽고 나자, 아버지는 말씀하셨다.

- 너가 영어를 아주 잘 읽는다고 하던데. 역시, 넌 정말 잘 읽는구나

Библиография
참고문헌

- 김원회, 불가리아어학. 서울. 2004.
- Буров, Ст. Български език за чужденци. Първа част. Велико Търново. 2000.
- Георгиева, Ел., И. Иванова, Вл. Мурдаров, Й. Пенчев, В. Станков, Р. Цойнска. Кратък правописен речник на българския книжовен език. София. 1989.
- Колева-Златева, Ж., Б. Емилиянова, В. Седефчева. Аз говоря български. Български език за чужденци. Велико Търново.
- Къндева, К., В. Цветкова. Bulgarian for English Speakers. Велико Търново. 2005.
- Пашов, П. Практическа българска граматика. София. 1989.
- Ivanova, E. The Bulgarian Language in Practice. Sofia. 2004.

❖ 국립중앙도서관 출판시도서목록(CIP) ❖

(한국인을 위한) 불가리아어 문법 / 김원회, 이반 일리예프 공저.
-- 서울 : 한국외국어대학교출판부, 2009
p. ; cm

본문은 한국어, 불가리아어가 혼합수록됨
ISBN 978-89-7464-560-1 13790 : \12000

불가리아어[--語]

792.91-KDC4
491.86-DDC21 CIP2009002460

이 도서의 국립중앙도서관 출판시도서목록(CIP)은 e-CIP 홈페이지(http://www.nl.go.kr/ecip) 에서 이용하실 수 있습니다.(CIP제어번호: CIP2009002460)

한국인을 위한 불가리아어 문법

초판 인쇄 2009년 8월 30일
초판 발행 2009년 8월 30일

지은이 ▪ 김원회, Иван Г. Илиев
펴낸이 ▪ 박 철
펴낸곳 ▪ 한국외국어대학교 출판부
130-791 서울시 동대문구 이문동 270
전화 (02)2173-2495~6
FAX (02)2173-3363
홈페이지 http://press.hufs.ac.kr
전자우편 press@hufs.ac.kr
출판등록 ▪ 제6-6호(1969. 4. 30)
편집 · 디자인 ▪ ㈜이환디앤비 (02)2254-4301
인쇄 · 제본 ▪ ㈜삼진피앤씨 (02)2271-0860

ISBN 978-89-7464-560-1 13790 정가 12,000원

* 잘못된 책은 교환하여 드립니다.